www.tredition.de

AF202323

Lothar Freerksema

Friede auf Erden - Auftrag oder Utopie

Gedanken zu einer biblischen Friedensethik

www.tredition.de

© 2018 Lothar Freerksema

Verlag und Druck: tredition GmbH, Hamburg

ISBN
Paperback: 978-3-7469-8755-2
e-Book: 978-3-7469-8757-6

Titelbild: Lothar Freerksema
Der Vredenhof auf Schiermonnikoog
Auf diesem Friedhof befinden sich überwiegend Gräber
von Opfern der Weltkriege

Wenn im Text nicht anders angegeben folgen die
Bibelzitate der Übersetzung Schlachter 2000

Inhalt

Vorwort...7

Gott verurteilt Gewalt.......................................10

Die verhängnisvolle Vermischung von Staat und Kirche
seit Konstantin I. 13

Frieden als Verheißung 25

Christus, der Friedefürst 32

Frieden als Auftrag..36

Frieden und Gewaltlosigkeit 39

Frieden: nur Privatsache?................................42

Krieg und Gewalt im Alten Testament............45

Hat Jesus zur Gewalt aufgerufen? 53

Hat Jesus Gewalt ausgeübt? 55

Die Schwerter der Jünger.................................57

Der Obrigkeit untertan....................................62

Reich Gottes und Reiche der Welt...................75

Gewalt als staatliche Option 79

Selbstverteidigung und Verteidigung der Familie 85

Die Frage nach der Todesstrafe 89

Biblische Friedensethik 100

Nachwort 105

Vorwort

Meine Ansicht zur Beteiligung von Christen an militärischen Einsätzen, wie sie viele Jahrzehnte wegen der Wehrpflicht üblich war, musste ich nach mehr als 40 Jahren revidieren. Ich hatte Mitte der 1970er Jahre den Kriegsdienst aus Gewissensgründen verweigert. Ich habe diese Haltung immer als die beste Entscheidung für einen Christen angesehen, war aber überzeugt, dass jeder seinem Gewissen folgen muss. Das sagt ja nicht nur das Grundgesetz, sondern auch die meisten Kirchen, Freikirchen und Gemeinden vertreten diese Auffassung.

Dann erlebte ich, dass meine Augen für eine neue Sicht geöffnet wurden. Ich las im Jahr 2017 ein Buch von Dietrich Bonhoeffer. Ich besorge mir gerne antiquarische Bücher, und so las ich in einem Exemplar aus dem Jahr 1958. Irgendwann fiel meine Aufmerksamkeit auf den hinteren Klappentext. Dort gab es einen Hinweis auf das Buch: „Der Krieg und das Evangelium" von Jean Lasserre. Ich fand das Thema sehr interessant, zumal mir kein anderes Buch begegnet war, dass sich mit dieser Frage auseinandergesetzt hätte. Die Erklärung, dass Lasserre ein Freund Bonhoeffers war, unterstützte mich in dem Entschluss, dieses Buch zu besorgen. In deutscher Sprache gibt es nur eine Auflage aus dem Jahr 1956, es ist aber antiquarisch gut zu bekommen.

Ich kaufte, las und war nicht nur begeistert, sondern wurde auch überzeugt, dass der Herr Jesus Christus uns in einer so wichtigen Frage nicht nur einfach auf unser Gewissen verweist, sondern dass er uns durch sein Wort klare Weisung gibt. Lasserre ist es gelungen, Schritt für Schritt die Irrtümer des Bibelverständnisses aufzuzeigen, die uns zu der Meinung gebracht haben, ein Christ könne, wenn er es mit seinem Gewissen vereinbaren kann, Kriegsdienst leisten.

Eine weitere Hilfe war die Entdeckung, dass es auch aktuell noch ein Buch von Jean Lasserre mit dem Titel: „Die Christenheit vor der Gewaltfrage" gibt, das die Themen etwas anschaulicher und besser nachvollziehbar aufgreift. Ich kann dieses Buch allen Interessierten nur sehr empfehlen. Meine Gedanken sind im Wesentlichen von den Erkenntnissen Lasserres beeinflusst, ich kann nur einige weitere Aspekte ergänzen. In vielen Punkten verzichte ich auf die Ausführlichkeit Lasserres, um einen möglichst überschaubaren Einstieg ins Thema zu ermöglichen.

Meine weitere Suche ergab, dass es Ende der 1970er / Anfang der 1980er Jahre ein kleines Buch von Prof. A.E. Wilder Smith mit dem Titel „Greift der Christ zur Waffe?" gab. Dieses Buch bestätigt im Grundsatz eine pazifistische Auffassung, ist nach meiner Meinung aber nicht immer konsequent genug. Weitere bibeltreue Literatur zum Thema habe ich nicht gefunden.

Ich wünsche mir, das Thema von Nachfolgern Jesu im Verhältnis zu Krieg und Gewalt auch im Bereich der Freikirchen und unabhängigen Gemeinden neu auf die Agenda zu setzen. Wir erleben doch ständig, wie schnell sich politische Situationen und die Verhältnisse zwischen Staaten verändern können. Die Wehrpflicht ist nur ausgesetzt und kann sehr schnell wieder zu einer brennenden Frage auch für junge Christen werden, inzwischen nicht nur für Männer, sondern gleicherweise auch für Frauen. Darauf sollten wir alle eine deutliche und biblisch fundierte Antwort geben können.

Gott verurteilt Gewalt

Für uns Christen ist allein entscheidend, was die Bibel zum Thema sagt. Schon zu Beginn der Menschheitsgeschichte verurteilt Gott die Menschen, weil sie den Weg der Gewalt eingeschlagen haben: 1. Mose, 6,11-13: *Die Erde aber war verdorben vor Gott, und die Erde war erfüllt mit Gewalttat. Und Gott sah die Erde, und siehe, sie war verdorben; denn alles Fleisch hatte seinen Weg verdorben auf Erden. Da sprach Gott zu Noah: Das Ende alles Fleisches ist vor mich gekommen; denn die Erde ist durch sie erfüllt von Gewalttat; und siehe, ich will sie verderben mit der Erde. (Elberfelder Bibel)*

1. Mose 4, 23-24: *Und Lamech sprach zu seinen Frauen: »Ada und Zilla, hört meine Stimme! Ihr Frauen Lamechs, vernehmt meinen Spruch! Einen Mann erschlug ich, weil er mich verwundet, einen jungen Mann, weil er mich geschlagen hat! Denn Kain wird siebenfach gerächt, Lamech aber siebenundsiebzigfach!*

Die Menschheit ist den Weg Lamechs weitergegangen, den Weg von Hass, Gewalt, Zerstörung, Mord und Krieg. Bis heute zeugt die gesamte Geschichte davon, dass der Mensch diesen Weg nie für längere Zeit verlassen hat.

Das Neue Testament gibt uns die Begründung: Jakobus 4,1-3: *Woher kommen Kriege und woher Streitigkeiten unter euch? Nicht daher:*

Aus euren Lüsten, die in euren Gliedern streiten?
Ihr begehrt und habt nichts; ihr tötet und neidet
und könnt nichts erlangen; ihr streitet und führt
Krieg. Ihr habt nichts, weil ihr nicht bittet; ihr bit-
tet und empfangt nichts, weil ihr übel bittet, um
es in euren Lüsten zu vergeuden. (Elberfelder Bibel)
Seit dem Sündenfall sind Krieg, Hass und
Feindschaft in unseren Herzen. Krieg ist die
Folge des Sündenfalls. Der von Gott getrennte
Mensch trägt Krieg und Gewalt in seinem Herzen. Krieg ist satanischen Ursprungs. Jede
Sünde kommt von Satan und zerstört den Menschen. Beim Krieg wird die zerstörerische Macht
der Sünde ganz besonders deutlich. Krieg zerstört alles, er zerstört nicht nur die Opfer, sondern auch die Täter.

Bis vor etlichen Jahren begegneten mir in unserer Gemeinde immer wieder Menschen, die im
2. Weltkrieg Soldaten waren. Da gab es Brüder,
die nie darüber sprachen was sie erlebt hatten.
Sie konnten es nicht mitteilen, aber ich weiß von
einigen, dass sie Nacht für Nacht von furchtbaren Albträumen verfolgt wurden. Andere redeten
immerzu über den Krieg. Das Erlebte ließ sie
einfach nicht mehr los. Wir damals jungen Leute
wunderten uns über manche Brüder, die
scheinbar kein anderes Thema kannten als den
Krieg. Immer wieder erzählten sie ihre oft er-
schreckenden Erfahrungen. Erst später habe
ich begriffen, dass die furchtbaren Erlebnisse
sie einfach nicht mehr aus den Fängen ließen.

Heute bin ich sicher, sie hätten gerne über andere Dinge geredet, hätten sie nur vergessen können. Ja, der Krieg zerstört jeden, der ihn erlebt hat. Heute gehen wir sensibler damit um und so wundert es nicht, dass wir immer wieder von traumatisierten Soldaten hörten, die aus dem Einsatz in Afghanistan heimkehrten. Zerstörte Existenzen sind die Folge jeden Krieges.

Bis in unsere Tage erfahren wir, durch die umfassende Präsentation in den Medien noch schneller als in früheren Kriegen, wie der Krieg die Moral zerstört. Plünderungen, Vergewaltigungen, Folterungen, Hinrichtungen und rauschhaftes Zerstören ergreift viele, die sich in den Krieg rufen lassen. Es gibt keinen sauberen Krieg, bei dem die Bösen ausgeschaltet und die Guten befreit werden. Das lehren uns die Kriegseinsätze im Irak oder in Afghanistan, die genau das zum Ziel hatten und doch Leiden und Not über die Bevölkerung brachten, auch durch unangemessenes Handeln der beteiligten Soldaten.

Dem Handeln der Menschen hält Gott im Dekalog das sechste Gebot entgegen: „Du sollst nicht töten"! Manche Schriftgelehrten sagen jetzt: dort steht eigentlich „morden". Wo aber liegt der Unterschied? Es gibt ein versehentliches Töten aus Fahrlässigkeit. Dafür wurden im mosaischen Gesetz die Zufluchtsstädte benannt, in denen der Totschläger Schutz vor Verfolgung fand. Außerdem finden wir im Alten Testament das Töten auf Anweisung Gottes. Aber darüber hinaus ist Töten immer Mord. Wo liegt der Unterschied? Wenn genug Menschen beteiligt sind, wie in einem Krieg, ist es dann kein morden? Wenn der Staat das Töten befiehlt, ist es dann kein morden? Nein, nur wenn die Tötung auf Anweisung Gottes als Gericht geschieht, dann, und nur dann ist es kein Mord. Ich werde auf das Thema Gewalt im Alten Testament später näher eingehen.

Lasst es mich hier noch einmal deutlich festhalten: Gott verurteilt das Töten. Er will es nicht.

Die verhängnisvolle Vermischung von Staat und Kirche seit Konstantin I.

In den ersten drei Jahrhunderten war die Einstellung der Kirchen und Gemeinden zur Beteiligung von Christen am Krieg eindeutig ablehnend. Zahlreiche Autoren nahmen klar Stellung: *Justinus, der Märtyrer: „Wir, die wir voller Kriege und Morde waren und von allem erdenklichem Bösen erfüllt, wir haben auf der Erde die Kriegswerkzeuge umgeschmiedet, die Schwerter zu Pflugscharen, die Lanzen zu Pflanzstöcken. Man schlägt uns die Köpfe ab, man kreuzigt uns, man verbrennt uns, und dennoch fallen wir nicht von unserem Glaubensbekenntnis ab."* Oder der heilige Irenäus, Bischof von Lyon: „Das Wort Gottes hat in der Welt eine große Veränderung vollbracht, indem Schwerter und Lanzen zu Friedenswerkzeugen umgeformt wurden, zu Pflugscharen, die Er selbst geschmiedet hat, und zu Sicheln, so dass hinfort die Menschen nicht mehr danach trachten, sich zu bekriegen, sondern sie halten die andere Wange hin, wenn man sie schlägt. Die Propheten haben von niemandem anderen gesprochen, sondern von dem, der alles das getan hat." Hört weiter Origenes: „Wir ergreifen nicht mehr das Schwert gegen ein Volk und lernen nicht mehr Krieg zu führen, weil wir durch Jesus Kinder des Friedens geworden sind." Der heilige Cyprianus, Bischof von Karthago: „Die Welt ist von Blut durchtränkt, und sie benennt Tötung als Verbrechen, wenn sie von Einzelnen, aber als Heldentat, wenn sie im Namen des Staates begangen wird. Nicht die Unschuld, sondern das Riesenausmaß der Rohheit bewahrt vor der Strafe." „Gott will, dass das Eisen zur Bearbeitung des Bodens benutzt wird, es soll darüber hinaus nicht zum Töten benutzt werden." „Christen ist es nicht erlaubt zu töten, sie sollen sich vielmehr töten lassen." „Den Unschuldigen ist es sogar untersagt, einen Schuldigen zugrunde zu richten." Justinus, Dialog mit dem Juden Trypho CX: „Obwohl wir uns so gut auf Krieg, Mord und alles Böse verstanden hatten, haben wir alle auf der weiten Erde unsere Kriegswaffen umgetauscht, die Schwerter in Flugscharen, die Lanzen in (andere) Ackergeräte, und züchten Gottesfurcht, Gerechtigkeit, Menschenfreundlichkeit, Glaube und Hoffnung, welche vom Vater selbst durch den Gekreuzigten gegeben ist." Clemens von Alexandrien: „Wir exerzieren für den Frieden, nicht für den Krieg. Wir sind Soldaten für den Frieden, ein unblutiges Heer, das Christus durch Sein Blut und Sein Wort rekrutiert hat, um Ihm das Himmelreich zu übergeben. Ziehen wir also die Rüstung des Friedens an!" Tertullian: „Wird der Glaube in der Taufe empfangen und versiegelt, muss der Soldat sofort seinen Dienst aufgeben oder um der Sache Gottes willen leiden." Laktanz: „Wenn Gott das Töten verbietet, dann verbietet Er nicht nur die Räuberei, die auch von den staatlichen Gesetzen verboten ist, sondern Er lehrt uns, auch das zu unterlassen, was die Menschen für erlaubt erklären. Einem gerechten Menschen ist es also nicht erlaubt, als Soldat zu dienen, denn nur seiner Gerechtigkeit kann er dienen; außerdem darf er niemanden wegen eines Schwerverbrechens anklagen, denn das kommt einer Tötung durch Schwert oder Wort gleich, Töten ist aber verboten. Darum darf es gar keine Ausnahme von diesem Gebot Gottes geben: es ist immer ein Verbrechen, einen Menschen zu töten, der nach Gottes Willen als hochheiliges und unverletzliches Geschöpf betrachtet werden muss." Die Übersetzung der Zitate folgt dem Text von Jean Lasserre; über http://www.unifr.ch/bkv ist für die meisten Zitate ein Vergleich der Textfassungen inzwischen problemlos möglich. (Jean Lasserre, Die Christenheit vor der Gewaltfrage, LIT Verlag, Berlin 2010)

In diesen Zitaten wird deutlich, dass ein Christ sich niemals am Krieg beteiligte, er lehnte auch das Richteramt ab, weil damit das Verhängen der Todesstrafe verbunden war. Es gab durchaus vereinzelt andere Stimmen, die aber von der Kirche abgelehnt wurden. Iele wurden auch aus anderen Gründen als Irrlehrer angesehen. Hippolytos von Rom veröffentlichte im 3. Jahrhundert eine Liste mit Berufen, die nicht ausüben durfte, wer zum Taufunterricht zugelassen werden wollte. Neben u.a. Bordellbesitzern, Prostituierten und Schauspielern galt das auch für Richter und für Soldaten, die ihren Beruf nicht aufgeben wollten. Es gab die Einschränkung, dass jemand, der schon Soldat war, es bleiben durfte, wenn es nicht anders möglich schien, zumindest aber durfte er nicht mehr töten. (https://www.unifr.ch/bkv/kapitel2684-13.htm -und folgende Kapitel)

Wenn wir die biblischen Zeugnisse der ersten Christen lesen, erscheint es doch undenkbar, dass die Apostel Kriegsdienst geleistet oder die Brüder in den jungen Gemeinden dazu aufgerufen hätten, weder für die Römer noch für den jüdischen Widerstand. Stünde ein solches Verhalten nicht in klarem Widerspruch zu den Berichten über die jungen Gemeinden und den Lehren der neutestamentlichen Briefe? Die biblischen Zeugnisse und die Berichte der Kirchenväter der ersten drei Jahrhunderte lassen keinen Zweifel: In dieser Zeit war die Nachfolge Jesu mit der Beteiligung an staatlichem Töten im Krieg oder durch das Gericht absolut unvereinbar. Eines schloss das andere kategorisch aus.

Das Jahr 313 brachte die Wende. Konstantin, der Kaiser von Rom, gewährte den Christen Religionsfreiheit. Von vielen Christen wurde dieses Ereignis als Jahr der Befreiung begrüßt. Ich denke, im Rückblick müssen wir sagen, dass dieses Ereignis vielleicht die größte Katastrophe der Christenheit war. Die Beendigung der grausamen, blutigen Verfolgungen der Christen war sicher ein Grund zur Dankbarkeit, aber auf der anderen Seite begann in einer unglaublichen Geschwindigkeit die unselige Vermischung von Staat und Kirche. Bis heute leiden wir an den Folgen der Entwicklung von der christlichen Gemeinde, die nur ihrem Herrn Jesus Christus verantwortlich war, hin zu einer Staatskirche, die nicht mehr Christus allein, sondern auch dem Kaiser und später allen nachfolgenden Herrschern und staatlichen Organisationen und Formen diente. Die Gemeinde gab ihre Unabhängigkeit auf und gab sich in die knechtende Hand staatlicher Organisationen, welche sich mit der Unterstützung kirchlicher Ziele bedankten. Diese kirchlichen Ziele waren aber irdischer Natur und dienten nicht dem Reich Gottes, wie es dem Auftrag der Gemeinde entsprochen hätte, der bis heute unverändert ist. Wenn es um den Kriegsdienst geht, müssen wir feststellen, dass auch die meisten Christen in freikirchlichen Gemeinden nicht frei sind von diesem staatlichen Einfluss.

Bereits im Jahr 314 berief der Kaiser ein Konzil zu Arles ein, an dem zwar nicht alle Bischöfe teilnahmen, aber immerhin gab es doch viele, die dem Ruf des Kaisers zu einem geistlichen Konzil folgten. Auf diesem Konzil wurde festgelegt: *„Soldaten, die zu Friedenszeiten Waffen wegwerfen oder sich Befehlen der Oberen widersetzen, sind zu exkommunizieren"*! (https://www.unifr.ch/bkv/kapitel4016.htm) Der Kaiser zeigte, worum es ihm ging: Er brauchte treue Soldaten. Da waren ihm die Christen gerade recht, die bewiesen hatten, treu bis in den Tod zu sein. Das war der Preis der Religionsfreiheit: Christen mussten dem Kaiser als Soldaten dienen. Und viele Bischöfe ließen sich darauf ein. Nur ein Jahr hat es gedauert, bis die Vermischung von Staat und Kirche ihre furchtbare Konsequenz zeigte. Ich denke, Jean Lasserre hat recht, wenn er nicht von der konstantinischen Wende, sondern von der konstantinischen Häresie (Irrlehre) spricht.

Im Jahr 343 fand ein Konzil zu Sardica, dem heutigen Sofia statt. Hier wurde erklärt: *„Wenn der Kaiser einen Bischof absetzt, erfolgt eine Neubesetzung durch Vermittlung des Bischofs von Rom"* (https://www.unifr.ch/bkv/kapitel2787-9.htm-Konzil£££343). 30 Jahre nach dem Ende der Verfolgungen hatte die Christenheit ihre Geschicke so in die Hand des Kaisers gelegt, dass dieser Bischöfe absetzen konnte. Mit der besonderen Stellung des Bischofs in Rom, also in der Kaiserstadt, festigte sich die unheilige Allianz von Staat und Kirche, die sich gegenseitig für ihre Zwecke miteinander verbanden und einander dienten.

Der Gottesdienst vermischte sich zunehmend mit heidnischen Einflüssen des römischen Götzendienstes, denn Rom hatte nie ein Problem damit, eine weitere Gottheit anzuerkennen und zu integrieren. Dann aber wurde das Christentum zur Hauptreligion und musste den Preis zahlen und zahlreiche götzendienerische Inhalte übernehmen. Auch Mars, der Kriegsgott forderte und bekam hier sein Recht. Während Rom das Christentum als allein gültige Religion anerkannte, unterstützte die Kirche staatliche Expansionspolitik durch die Teilnahme an Kriegen, wobei gleichzeitig der Staat die Kirche bei der Ausweitung ihres Einflusses in der Welt unterstützte.

So führte die Kirche Krieg gegen Heiden um diese zu christianisieren, sie führte Krieg gegen Juden, und Christen führten zahlreiche Kriege gegeneinander, wenn sie unterschiedliche Überzeugungen vertraten oder auch unterschiedlichen und verfeindeten politischen Herren dienten.

Leider haben auch die meisten Reformatoren in diesem Punkt keine Notwendigkeit einer konsequenten Umkehr gesehen, Ausnahmen finden sich häufig bei den Täufern. Teilweise fielen die Reformatoren selbst durch Gewaltausübung auf, wie etwa Johannes Calvin, der mit Gewalt seine Vorstellungen staatlicher Ordnung in der Stadt Genf durchsetzen wollte. So mündete schließlich die Reformation in den dreißigjährigen Krieg, in dem sich katholisch und evangelisch gesinnte Fürsten gegenüberstanden. Das war sicher kein reiner Religionskrieg, auch politische Ursachen spielten eine gewichtige Rolle, aber gerade dies zeigt wieder deutlich die Vermischung von Politik und Religion, die auch durch die Reformation nicht aufgehoben wurde, sondern im Gegenteil zusätzliche Nahrung fand. Leider hatte die Reformation bei allen unglaublich wichtigen Rückbesinnungen auf die Wahrheit des Wortes Gottes keinen heilenden Einfluss auf die unheilige Allianz von Staat und Kirche.

Bis in unsere Zeit ist es üblich, dass Christen für den Staat militärische Gewalt ausüben. Im 1. und 2. Weltkrieg waren viele Christen überzeugt, im Auftrag Gottes zu kämpfen, Pfarrer und Priester segneten Waffen und beteten für einen angeblich gerechten Krieg, auf mancher Koppel stand: „Gott mit uns". Auf beiden Seiten standen Christen in der Überzeugung, das Richtige zu tun. Welch ein furchtbares Ergebnis dieser Haltung: Christen, Brüder, stehen sich mit Waffen gegenüber, töten einander und glauben dabei, den Willen Gottes zu tun. Die Teilnahme an Kriegen war für die Mehrheit der Christen, auch der freikirchlichen oder unabhängigen Christen selbstverständlich, übrigens auch für viele Gläubige in Deutschland, welche die nationalsozialistische Ideologie ansonsten ablehnten. Selbst manche der eigentlich pazifistisch gesinnten Mennoniten haben in den Weltkriegen ihre strikte Haltung aufgegeben und waren überzeugt, dies für eine gerechte Sache zu tun. Niemand weiß, wie viele Brüder in diesen Kriegen einander getötet haben, niemand hat gezählt, wie viele Brüder nicht nur mit verwundeten Leibern, sondern mit zutiefst verletzten Seelen, krank geworden durch erlebte Grausamkeit und Leid, vielleicht auch krank im Bewusstsein der eigenen Schuld, nach Hause kamen oder auch auf dem Schlachtfeld blieben. Viele haben bis an ihr Lebensende an dem Erlebten gelitten.

Manche Japaner nannten die Atombomben, die Hiroshima und Nagasaki im August 1945 vollständig verwüsteten und für Jahrzehnte Krankheit, Leid und Tod über die Bevölkerung brachten, die „Christliche Bombe". Bei allem Fragwürdigen dieser Bezeichnung, kann unser Zeugnis schwerer beschädigt werden?

Schon kurz nach dem Ende des Kriegs, im Jahr 1950, leitete der damalige Bundeskanzler Konrad Adenauer, zunächst in Geheimverhandlungen, die Wiederbewaffnung der Bundesrepublik Deutschland ein. Trotz vieler Widerstände - der spätere Bundespräsident Gustav Heinemann trat von seinem Ministeramt zurück, verließ die CDU und vertrat als Anwalt in der Folgezeit viele Kriegsdienstverweigerer - wurde im Jahr 1956 die Wehrpflicht eingeführt. Wir Christen in Deutschland können heute dankbar sein, dass im Grundgesetz das Recht auf Kriegsdienstverweigerung aus Gewissensgründen und die alternative Ableistung eines Zivildienstes verankert wurde, wie auch in vielen anderen westlichen Demokratien. Bis 1983 musste der Antrag zur Kriegsdienstverweigerung schriftlich gestellt und begründet und anschließend in einer mündlichen Verhandlung vor einer Kommission vertreten werden, die dann über die Anerkennung entschied. Bei einem abschlägigen Bescheid konnte Widerspruch eingelegt und dann vor einer weiteren Kommission verhandelt werden. Später reichte ein schriftlicher, begründeter Antrag.

Die Kriegsdienstverweigerung war in vielen freikirchlichen Gemeinden, mit Ausnahme pazifistisch gesinnter Gruppen wie der Mennoniten, eher unüblich. Ende der sechziger Jahre herrschte im christlich-bürgerlichen Milieu die Meinung vor, dass Kriegsdienstverweigerer eher langhaarige, linke Chaoten als überzeugte Christen wären. Das änderte sich aber und langsam wurde im Verlauf der siebziger Jahre der Zivildienst auch in vielen Gemeinden zunehmend zu einer anerkannten Alternative.

In der aktuellen Situation in Deutschland haben wir das Thema ein wenig aus dem Blick verloren, weil die Wehrpflicht ausgesetzt ist. Ausgesetzt bedeutet aber nicht abgeschafft. Mit einem Federstrich kann die Wehrpflicht wieder in Kraft gesetzt werden. Wir erleben doch ständig, wie labil die Situation in unserer Welt ist. Haben in den neunziger Jahren mit dem Zerfall der kommunistischen Sowjetunion viele eine lange Zeit des Friedens, wenn nicht in der Welt, dann doch wenigstens in Europa erwartet, sehen wir heute, wie kurzlebig diese Erwartung war. Überall gibt es Konflikte, auch vor unserer Haustür, und oft reicht eine Kleinigkeit, um das empfindliche Gleichgewicht der Mächte und Staaten außer Kontrolle zu bringen.

Umso wichtiger ist es für uns Christen, auf veränderte Situationen vorbereitet zu sein. Wir müssen als Gemeinden eine Antwort haben, wenn der Staat uns wieder zu den Waffen ruft, damit wir dem Einzelnen Orientierung geben können. Auch bezüglich der jetzigen Freiwilligenarmee brauchen wir eine klare Haltung. Die Bundeswehr befindet sich aktuell im Jahr 2018 in 15 Auslandseinsätzen. Erstmals nach 1945 wurden im Jahr 1999 deutsche Soldaten in einen Auslandseinsatz geschickt. Sie sollten helfen, mit Waffen den Konflikt im Kosovo zu beenden.

Hier zeigten sich deutlich die Grenzen eines humanistischen Pazifismus. Viele Gruppen, welche die Beteiligung an Kriegen prinzipiell ablehnen wie etwa innerhalb der großen Kirchen, politischer Parteien wie „Die Grünen" und manche Nichtregierungsorganisationen erreichten die Grenzen ihrer Einstellung und vertraten die Meinung, dass in diesem Fall der bewaffnete Einsatz das geringere Übel sei, weil er aus humanitären Gründen erforderlich wäre. Ähnliches galt für den Einsatz in Afghanistan, wo man auch am Hindukusch unsere Sicherheit verteidigen wollte. Wer also kann und darf beurteilen, wo eine Grenze erreicht wird, von der aus auch Pazifisten zur Waffe greifen und töten dürfen? Der Staat, die Politik, die NATO oder die UNO?

Ich bin sicher: uns Christen kann nur und ausschließlich die Bibel die Antwort auf die Frage der Gewaltfreiheit, ja mehr noch, des Friedens geben. Humanistische Begründungen reichen nicht aus, weil wir nicht zuerst vom Menschen, sondern von Gott her denken und urteilen. Gottes Wille ist nicht verhandelbar, auch dann nicht, wenn unsere menschliche Sicht anders urteilt. Deshalb geht es hier nicht um einen humanistischen Pazifismus, sondern ausschließlich um den Willen Jesu für seine Nachfolger.

An dieser Stelle ist es mir ein wichtiges Anliegen zu betonen, dass ich großen Respekt vor Brüdern habe, die zur Bundeswehr gegangen sind und dort in einer im Allgemeinen unmoralischen und gottlosen Umgebung als Zeugen Jesus Christus gedient haben. Mir ist bekannt, dass durch diese Zeugnisse manch ein junger Mann den Weg zu Christus gefunden hat. Andererseits kennen wir aber auch Fälle, wo junge

Brüder unter dem Einfluss der unmoralischen Umgebung ihren Glauben verraten oder sogar ganz verloren haben. Es liegt mir fern, jemandem einen persönlichen Vorwurf zu machen, auf der Grundlage des allgemeinen Denkens der Kirchen und auch der freikirchlichen Gemeinden die Entscheidung getroffen zu haben, Wehrdienst zu leisten. Meine Kritik richtet sich nicht gegen den Einzelnen, sondern grundsätzlich gegen die mehrheitliche Auffassung der Gemeinden, denen die jungen Brüder natürlich gefolgt sind.

Frieden als Verheißung

Lukas 2,13-14: *Und plötzlich war bei dem Engel die Menge der himmlischen Heerscharen, die lobten Gott und sprachen: Herrlichkeit bei Gott in der Höhe und Friede auf Erden, unter den Menschen seines Wohlgefallens*!

Friede auf Erden, mit dieser wunderbaren Verheißung kündigten die Engel die Geburt des Christus an. Das müssen wir zunächst als Tatsache stehen lassen: Friede auf Erden, darum geht es, das ist nicht nur ein unwesentlicher Nebenaspekt, nein, die Engel rücken die Frage des Friedens ins Zentrum. Die Engel sind mit der Betonung des Friedens in Verbindung mit dem verheißenen Jesus Christus nicht allein, sie befinden sich in der Gesellschaft vieler Propheten:

Jesaja 9,5-6: *Denn ein Kind ist uns geboren, ein Sohn ist uns gegeben; und die Herrschaft ruht auf seiner Schulter; und man nennt seinen Namen: Wunderbarer, Ratgeber, starker Gott, Ewig-Vater, Friedefürst. Die Mehrung der Herrschaft und der Friede werden kein Ende haben auf dem Thron Davids und über seinem Königreich, dass er es gründe und festige mit Recht und Gerechtigkeit von nun an bis in Ewigkeit. Der Eifer des HERRN der Heerscharen wird dies tun!*

Hosea 2,20: *An jenem Tag will ich auch zu ihren Gunsten einen Bund schließen mit den Tieren des Feldes und mit den Vögeln des Himmels und mit allem, was auf Erden kriecht; und ich will Bogen, Schwert und alles Kriegsgerät im Land zerbrechen und sie sicher wohnen lassen.*

Micha 5,1-4a: *Und du, Bethlehem-Ephrata, du bist zwar gering unter den Hauptorten von Juda; aber aus dir soll mir hervorkommen, der Herrscher über Israel werden soll, dessen Hervorgehen von Anfang, von den Tagen der Ewigkeit her gewesen ist. Darum gibt er sie hin bis zu der Zeit, da die, welche gebären soll, geboren haben wird; und dann wird der Überrest seiner Brüder zu den Kindern Israels zurückkehren. Und Er wird auftreten und sie weiden in der Kraft des HERRN und in der Hoheit des Namens des HERRN, seines Gottes; und sie werden sicher wohnen; denn nun wird Er groß sein bis an die Enden der Erde. Und dieser wird der Friede sein!*

Sacharja 9,9-10: *Frohlocke sehr, du Tochter Zion; jauchze, du Tochter Jerusalem! Siehe, dein König kommt zu dir; ein Gerechter und ein Retter ist er, demütig und reitend auf einem Esel, und zwar auf einem Füllen, einem Jungen der Eselin. Und ich werde die Streitwagen aus Ephraim ausrotten und die Pferde aus Jerusalem; und der Kriegsbogen soll zerbrochen werden; und Er wird den Völkern Frieden gebieten; und seine Herrschaft wird reichen von einem Meer zum anderen und vom Strom bis an die Enden der Erde.*

Jesaja 2,4-5: *Und er wird Recht sprechen zwischen den Heiden und viele Völker zurechtweisen, so dass sie ihre Schwerter zu Pflugscharen schmieden werden und ihre Speere zu Rebmessern; kein Volk wird gegen das andere das Schwert erheben, und sie werden den Krieg nicht mehr erlernen. - Komm, o Haus Jakobs, und lasst uns wandeln im Licht des HERRN!*

Jesaja 11,1-9: *Und es wird ein Zweig hervorgehen aus dem Stumpf Isais und ein Schössling hervorbrechen aus seinen Wurzeln. Und auf ihm wird ruhen der Geist des HERRN, der Geist der Weisheit und des Verstandes, der Geist des Rats und der Kraft, der Geist der Erkenntnis und der Furcht des HERRN. Und er wird sein Wohlgefallen haben an der Furcht des HERRN. Er wird nicht nach dem Augenschein richten, noch nach dem Hörensagen Recht sprechen. Er wird die Armen mit Gerechtigkeit richten und den Elenden im Land ein unparteiisches Urteil sprechen; er* wird die Erde mit dem Stab seines Mundes schlagen und den Gesetzlosen mit dem Hauch seiner Lippen töten. Gerechtigkeit wird der Gurt seiner Lenden sein und Wahrheit der Gurt seiner Hüften. Da wird der Wolf bei dem Lämmlein wohnen und der Leopard sich bei dem Böcklein niederlegen. Das Kalb, der junge Löwe und das Mastvieh werden beieinander sein, und ein kleiner Knabe wird sie treiben. Die Kuh und die Bärin werden miteinander weiden und ihre Jungen zusammen lagern, und der Löwe wird Stroh fressen wie ein Rind. Der Säugling wird spielen am Schlupfloch der Natter, und der Entwöhnte seine Hand nach der Höhle der Otter ausstrecken. Sie werden nichts Böses tun noch verderbt handeln auf dem ganzen Berg meines Heiligtums; denn die Erde wird erfüllt sein von der Erkenntnis des HERRN, wie die Wasser den Meeresgrund bedecken.

Jesaja 35: *Die Wüste und Einöde wird sich freuen, und die Steppe wird frohlocken und blühen wie ein Narzissenfeld. Sie wird lieblich blühen und frohlocken, ja, es wird Frohlocken und Jubel geben; denn die Herrlichkeit des Libanon wird ihr gegeben, die Pracht des Karmel und der Saron-Ebene. Sie werden die Herrlichkeit des HERRN sehen, die Pracht unseres Gottes. Stärkt die schlaff gewordenen Hände und macht fest die strauchelnden Knie; sagt zu denen, die ein verzagtes Herz haben: Seid tapfer und fürchtet euch nicht! Seht, da ist euer Gott! Die Rache kommt, die Vergeltung Gottes; er selbst kommt und wird euch retten! Dann werden die Augen* der Blinden aufgetan und die Ohren der Tauben geöffnet werden; dann wird der Lahme springen wie ein Hirsch und die Zunge des Stummen lobsingen; denn es werden Wasser in der Wüste hervorbrechen und Ströme in der Einöde. Der glutheiße Boden wird zum Teich und das dürre Land zu Wasserquellen. Wo zuvor die Schakale wohnten und lagerten, wird ein Gehege für Rohr und Schilf sein. Und eine Straße wird dort sein und ein Weg; man wird ihn den heiligen Weg nennen; kein Unreiner wird auf ihm gehen, sondern er ist für sie; die auf dem Weg wandeln, selbst Einfältige, werden nicht irregehen. Dort wird es keinen Löwen geben, und kein Raubtier wird zu ihm herankommen oder dort angetroffen werden, sondern die Losgekauften werden darauf gehen. Und die Erlösten des HERRN werden zurückkehren und nach Zion kommen mit Jauchzen. Ewige Freude wird über ihrem Haupt sein; Wonne und Freude werden sie erlangen, aber Kummer und Seufzen werden entfliehen.

Friede auf Erden, eine Utopie? Ja, denn die Verheißung des Friedens wird sich in vielen der vorhergesagten Ereignisse erst in einer angekündigten Zukunft erfüllen. Der die ganze Erde umfassende Frieden unter dem König Jesus Christus ist für die zukünftige Zeit des Tausendjährigen Reiches verheißen.

Offenbarung 20,6: *Glückselig und heilig ist, wer Anteil hat an der ersten Auferstehung! Über diese hat der zweite Tod keine Macht, sondern sie werden Priester Gottes und des Christus sein und mit ihm regieren 1000 Jahre.*

Offenbarung 21,3: *Und ich hörte eine laute Stimme aus dem Himmel sagen: Siehe, das Zelt Gottes bei den Menschen! Und er wird bei ihnen wohnen; und sie werden seine Völker sein, und Gott selbst wird bei ihnen sein, ihr Gott.*

Es wird die Zeit kommen, zu der sich alle Friedensverheißungen der Bibel erfüllen. Somit ist die Verheißung des Friedens durchaus auch eine Zukunftsvision.

Aber sollte das alles sein, ist es möglich, dass der Friedefürst, jubelnd begrüßt von den Engeln, in diese Welt kommt, und den Frieden erst tausende Jahre später bringt?

Lukas 17,21b: *Denn siehe, das Reich Gottes ist mitten unter euch.*

Römer 14,17: *Denn das Reich Gottes ist nicht Essen und Trinken, sondern Gerechtigkeit, Friede und Freude im Heiligen Geist.*

Jesus sagt: „das Reich Gottes ist mitten unter euch". Da, wo der in Betlehem geborene Friedefürst in dieser Welt ist, da ist Reich Gottes, da ist auch Friede. Reich Gottes in dieser Welt, das ist jetzt die Gemeinde Gottes. Jeder Christ ist ein Tempel des Heiligen Geistes, die Gemeinde ist der Tempel des Heiligen Geistes. Kolosser 1,27: *Ihnen wollte Gott zu erkennen geben, was*

der Reichtum der Herrlichkeit dieses Geheimnis-
ses unter den Nationen sei, und das ist: Christus
in euch, die Hoffnung der Herrlichkeit.

Hier wird deutlich: Friede auf Erden ist nicht bloß Utopie, Friede auf Erden gilt für unser hier und heute, weil Christus, der Friedefürst in uns anwesend ist in dieser Welt. Wie kann die Welt erfahren, dass Christus lebt, dass er für uns erfahrbar ist, wenn wir nicht bereit sind, diese herausragende Verheißung des Friedens durch unser Verhalten sichtbar zu machen?

Jean Lasserre berichtete über die Begegnung mit einem jüdischen Arzt. Die beiden Männer schätzten sich und irgendwann kam das Gespräch auf die Frage, ob Jesus der Messias sei. Der Arzt sagte, das wäre unmöglich, denn der Messias würde den Frieden bringen, die Christen aber führen Krieg gegen Heiden, Juden und untereinander. Nein, dieser Jesus kann nicht der Messias sein. Lasserre war von diesen Aussagen tief ergriffen und es fiel ihm schwer, darauf zu antworten. Später erkannte er, dass das Problem der Ansicht des Arztes darin lag, Jesus nicht nach seinem persönlichen Verhalten, sondern nach dem Verhalten seiner Nachfolger zu beurteilen. Aber wie traurig und problematisch ist es doch, wenn unser Verhalten sich so fundamental von dem unseres Herrn unterscheidet, der doch in uns wohnt. Unsere mangelnde Christusähnlichkeit, unsere Gleichförmigkeit mit der Welt macht es den Menschen so schwer, den Retter zu erkennen und anzunehmen.

Die Verheißung des Friedens gilt hier und gilt heute. Noch nicht für die ganze Welt, hier sagt die Bibel zunächst Krieg und Gewalt in zunehmendem Maße vorher, aber für Menschen, die von Christus erfüllt werden, gilt diese Verheißung. Wie soll denn Jesus sichtbar machen, dass er der Friedefürst ist, wenn nicht durch uns, seine Nachfolger?

Christus, der Friedefürst

Das ganze Leben unseres Herrn Jesus Christus war geprägt und durchdrungen von Frieden. Niemals kämpfte er für sein eigenes Recht, nie bedrohte er seine Feinde, er nahm allen Hass und jede Gewalt auf sich. So wurde der unschuldig Gefolterte vor die versammelte, hasserfüllte Menschenmenge geführt: „Siehe, der Mensch".

1.Petrus 2,21-23: *Denn dazu seid ihr berufen, weil auch Christus für uns gelitten und uns ein Vorbild hinterlassen hat, damit ihr seinen Fußstapfen nachfolgt. »Er hat keine Sünde getan, es ist auch kein Betrug in seinem Mund gefunden worden«; als er geschmäht wurde, schmähte er nicht wieder, als er litt, drohte er nicht, sondern übergab es dem, der gerecht richtet.*

Matthäus 26,53: *Oder meinst du, ich könnte nicht jetzt meinen Vater bitten, und er würde mir mehr als zwölf Legionen Engel schicken?*

Philipper 2,5-8: *Denn ihr sollt so gesinnt sein, wie es Christus Jesus auch war, der, als er in der Gestalt Gottes war, es nicht wie einen Raub festhielt, Gott gleich zu sein; sondern er entäußerte sich selbst, nahm die Gestalt eines Knechtes an und wurde wie die Menschen; und in seiner äußeren Erscheinung als ein Mensch erfunden, erniedrigte er sich selbst und wurde gehorsam bis zum Tod, ja bis zum Tod am Kreuz.*

Jesaja 53,3-10: *Verachtet war er und verlassen von den Menschen, ein Mann der Schmerzen und mit Leiden vertraut; wie einer, vor dem man das Angesicht verbirgt, so verachtet war er, und wir achteten ihn nicht. Fürwahr, er hat unsere Krankheit getragen und unsere Schmerzen auf sich geladen; wir aber hielten ihn für bestraft, von Gott geschlagen und niedergebeugt. Doch er wurde um unserer Übertretungen willen durchbohrt, wegen unserer Missetaten zerschlagen; die Strafe lag auf ihm, damit wir Frieden hätten, und durch seine Wunden sind wir geheilt worden. Wir alle gingen in die Irre wie Schafe, jeder wandte sich auf seinen Weg; aber der HERR warf unser aller Schuld auf ihn. Er wurde misshandelt, aber er beugte sich und tat seinen Mund nicht auf, wie ein Lamm, das zur Schlachtbank geführt wird, und wie ein Schaf, das verstummt vor seinem Scherer und seinen Mund nicht auftut. Infolge von Drangsal und Gericht wurde er weggenommen; wer will aber sein Geschlecht beschreiben? Denn er wurde aus dem Land der Lebendigen weggerissen; wegen der Übertretung meines Volkes hat ihn Strafe getroffen. Und man bestimmte sein Grab bei Gottlosen, aber bei einem Reichen [war er] in seinem Tod, weil er kein Unrecht getan hatte und kein Betrug in seinem Mund gewesen war. Aber dem HERRN gefiel es, ihn zu zerschlagen; er ließ ihn leiden.*

Die Menschenmenge verwarf den Friedefürsten und wählte stattdessen den Widerstandskämpfer und Mörder Barabbas. Sie verwarfen ihren König des Friedens und wählten stattdessen den kriegerischen, blutrünstigen römischen Kaiser.

Jesus lässt das alles geschehen, er hält die Hände hin, als sie ihn fesseln, er schweigt, als falsche Zeugen ihm erlogene Aussagen vorwerfen, er erträgt die Verachtung, das Verspotten und Auslachen. Er hält sein Gesicht hin, als sie ihn schlagen und anspucken, er hält seinen Rücken hin, als die Soldaten ihn mit der Geißel in blutige Fetzen peitschen, er hält die Hände und Füße still, als sie ihn mit Nägeln an das Kreuz heften. Als er dort unter unvorstellbaren Qualen am Kreuz hängt, da würfeln die Soldaten, die ihm das alles zugefügt haben, um seine Kleider. Sie haben ihm alles genommen, buchstäblich bis zum letzten Hemd. Jesus klagt nicht, Jesus schimpft nicht, Jesus bettelt nicht um Mitleid, Jesus appelliert nicht an ihr Gewissen oder ihre Hilfsbereitschaft, er droht ihnen nicht die ewigen Konsequenzen an. Jesus betet. Jesus bittet nicht um Kraft, das alles zu ertragen. Er bittet nicht um Rache und Vergeltung. Jesus betet um

Vergebung für die Soldaten, die ihm so schreckliche Leiden zugefügt haben, für diese herzlosen, grausamen Männer: „Vater, vergib Ihnen, sie wissen nicht was sie tun".

Welch ein unerhörtes Beispiel, was Frieden in der Person Jesus ist. Ich kann mir kein extremeres Beispiel der Feindesliebe vorstellen. Sein ganzes Leben war geprägt von dieser Liebe. Nie ist er einem Menschen in Feindschaft begegnet, nie hat er sich von einem Menschen im Unfrieden getrennt, selbst den Verräter Judas begrüßte er zum sprichwörtlich gewordenen Judaskuss mit „Freund". Und hier, am Kreuz, da zeigte sich in aller Höhe und Tiefe, was Friede in der Gesinnung Jesus ist. Es ist nicht Abwägen der Nützlichkeit, der Verhältnismäßigkeit oder der Grenzen. Frieden gilt in jeder Situation, auch für den Ärgsten seiner Feinde. Jesus hätte alle Möglichkeiten gehabt, der Feindschaft der Menschen mit Kampf zu begegnen und seine gerechte Sache durchzusetzen, aber er verzichtete auf die 12 Legionen Engel und bewahrte den Frieden bis in die letzte Konsequenz.

Zwei Männer, die mit Gewalt und Krieg, mit dem Töten von Menschen bestens vertraut waren, erkannten zuerst, dass dieser so dem Frieden und der Liebe verpflichtete kein gewöhnlicher Mensch war. Sie erkannten in aller Deutlichkeit den gewaltigen Unterschied zu ihren eigenen Herzen. Der Widerstandskämpfer am Kreuz bekannte, dass er schuldig war, dieser Jesus aber nichts Unrechtes getan hatte. Er bat

Jesus an ihn zu denken und erhielt die Zusage der Vergebung und des ewigen Lebens: „Heute wirst du mit mir im Paradies sein". Der Hauptmann, der die Soldaten bei der Kreuzigung befehligte, bekannte nach dem Sterben des Lammes Gottes: „Wahrhaftig, dieser Mensch war Gottes Sohn". Gerade diese harten Herzen wurden überwunden durch die absolute Gewaltlosigkeit des Friedefürsten Jesus Christus.

Frieden als Auftrag

Joh. 14,27: *Frieden hinterlasse ich euch; meinen Frieden gebe ich euch. Nicht wie die Welt gibt, gebe ich euch; euer Herz erschrecke nicht und verzage nicht!*

Römer, 8,6: *Denn das Trachten des Fleisches ist Tod, das Trachten des Geistes aber Leben und Frieden.*

Römer 12,18: *Ist es möglich, soviel an euch liegt, so haltet mit allen Menschen Frieden.*

2. Korinther 13,11: *Im Übrigen, ihr Brüder, freut euch, lasst euch zurechtbringen, lasst euch ermahnen, seid eines Sinnes, haltet Frieden; so wird der Gott der Liebe und des Friedens mit euch sein!*

2.Thessalonicher 3,16: *Er aber, der Herr des Friedens, gebe euch den Frieden allezeit und auf alle Weise!*

Hebräer 12,14: *Jaget nach dem Frieden mit jedermann und der Heiligung, ohne die niemand den Herrn sehen wird!*

Zu Recht kann gesagt werden, dass viele dieser Bibelstellen das Verhältnis der Christen untereinander betreffen. Das Neue Testament legt großen Wert auf das Verhältnis der Christen zueinander, denn wenn schon da Neid und Streit herrscht, wie soll die Gemeinde Gottes dann als Licht der Welt und Salz der Erde erkennbar sein? Wenn Jesus uns seinen Frieden gibt, dann gilt das aber darüber hinaus für Jeden und in jeder Situation, denn weil er ihn nicht nach der Weise der Welt gibt, sendet er ihn in unser Herz hinein. So ist der Friede eben nicht eine schöne, humanistische Idee, die sich unserem Gerechtigkeitsempfinden unterordnet, sondern Bestandteil meiner christlichen Existenz, meines Lebens als Nachfolger Jesus. Wie kommen wir darauf, wir könnten diesen Frieden einfach ausschalten und zur Waffe greifen, weil es ja nicht unter Glaubensgeschwistern passiert? Wobei du niemals sicher sein kannst, dass dir im Krieg nicht doch Christen gegenüberstehen, so dass ein Bruder den anderen tötet.

Wenn uns gesagt wird, dass das Trachten des Geistes Leben und Frieden ist, darf dann Tod und Krieg noch irgendeine Bedeutung für uns haben? Wenn der Herr uns den Frieden allezeit und auf alle Weise gibt, bleibt dann noch Raum für die Beteiligung am Krieg? Unsere Gesinnung kann nicht zweigeteilt sein, je nachdem ob wir es mit Geschwistern oder vermeintlichen Feinden zu tun haben. Christus erfüllt unser ganzes Leben. Er möchte nicht, dass wir irgendeinen Bereich heraustrennen. „Jaget nach dem Frieden mit Jedermann" lässt keine Ausnahmen zu. Der Friede wird uns nicht nur für die Ewigkeit gewünscht, auch nicht nur innerhalb der Gemeinde, sondern für unser jetzt und hier als Frucht des Geistes und uneingeschränkter Auftrag für unser Leben als Christ.

In den Briefen der Apostel wird den Lesern häufig „Gnade und Frieden" gewünscht. Wir alle, die wir in der Nachfolge des Herrn stehen wissen, dass wir in unserer ganzen Existenz auf die Gnade unseres Gottes angewiesen sind. Nicht einen Tag können wir ohne seine Gnade leben. Hier, in diesem irdischen Leben brauchen wir seine Gnade. Wenn wir einmal im Himmel sind, wir wissen in vielen Dingen nicht, wie es dort sein wird, eins aber wissen wir: wir werden sein wie Jesus (1. Johannes 3,2). Im Himmel haben wir unsere sündige Natur abgelegt, wir brauchen dann keine Gnade mehr, weil wir in Ewigkeit die Gnade rühmen werden, die uns auf der Erde begegnete und uns vollkommen frei von der Sünde und Verlorenheit gemacht hat. Wir können also feststellen, dass die Gnade für diese Erde gegeben ist. Sollte der Wunsch des Friedens dann im genauen Gegenteil nicht für unser irdisches Leben gelten? Die Gnade jetzt und der Frieden später? Ich denke, niemals ist Gottes Wort so unpräzise. Wenn die Apostel den

Gemeinden Gnade und Frieden wünschen, dann brauchten sie und brauchen wir beides in unserem täglichen Leben. Gnade und Frieden gehören unmittelbar zusammen. Weil Gott uns Sündern gnädig ist, haben wir Frieden mit Gott. Weil die Gnade uns in unserem täglichen Leben begleitet, sind wir Menschen, die auch den Mitmenschen gegenüber barmherzig sind. Weil der Friede Gottes uns erfüllt, leben wir in diesem Frieden mit allen Menschen, mit Freund und Feind.

Frieden und Gewaltlosigkeit

Johannes 15, 20-21: *Gedenkt an das Wort, das ich zu euch gesagt habe: Der Knecht ist nicht größer als sein Herr. Haben sie mich verfolgt, so werden sie auch euch verfolgen; haben sie auf mein Wort [argwöhnisch] Acht gehabt, so werden sie auch auf das eure [argwöhnisch] Acht haben. Aber das alles werden sie euch antun um meines Namens willen; denn sie kennen den nicht, der mich gesandt hat.*

2.Korinther 4,9-11: *Wir werden verfolgt, aber nicht verlassen; wir werden niedergeworfen, aber wir kommen nicht um; wir tragen allezeit das Sterben des Herrn Jesus am Leib umher, damit auch das Leben Jesu an unserem Leib offenbar wird. Denn wir, die wir leben, werden beständig dem Tod preisgegeben um Jesu willen,* damit auch das Leben Jesu offenbar wird an unserem sterblichen Fleisch.

Matthäus 5,3-12: *Glückselig sind die geistlich Armen, denn ihrer ist das Reich der Himmel! Glückselig sind die Trauernden, denn sie sollen getröstet werden! Glückselig sind die Sanftmütigen, denn sie werden das Land erben! Glückselig sind, die nach der Gerechtigkeit hungern und dürsten, denn sie sollen satt werden! Glückselig sind die Barmherzigen, denn sie werden Barmherzigkeit erlangen! Glückselig sind, die reinen Herzens sind, denn sie werden Gott schauen! Glückselig sind die Friedfertigen, denn sie werden Söhne Gottes heißen! Glückselig sind, die um der Gerechtigkeit willen verfolgt werden, denn ihrer ist das Reich der Himmel! Glückselig seid ihr, wenn sie euch schmähen und verfolgen und lügnerisch jegliches böse Wort gegen euch reden um meinetwillen! Freut euch und jubelt, denn euer Lohn ist groß im Himmel; denn ebenso haben sie die Propheten verfolgt, die vor euch gewesen sind.*

Matthäus 5,21-22: *Ihr habt gehört, dass zu den Alten gesagt ist: »Du sollst nicht töten!«, wer aber tötet, der wird dem Gericht verfallen sein. Ich aber sage euch: Jeder, der seinem Bruder ohne Ursache zürnt, wird dem Gericht verfallen sein. Wer aber zu seinem Bruder sagt: Raka!, der wird dem Hohen Rat verfallen sein. Wer aber sagt: Du Narr!, der wird dem höllischen Feuer verfallen sein.*

Die deutliche Verschärfung des Gebots: „Du sollst nicht töten", wurde wörtlich so von den ersten Märtyrern erkannt und gelebt, was in der Konsequenz bedeutete: Sie haben sich niemals gewehrt, sie sind für ihren Glauben gestorben. Welch ein gewaltiges Zeugnis geht von der Gewaltlosigkeit der Märtyrer aus. Bis heute baut Gott seine Gemeinde in besonderer Kraft auf dem Blutzeugnis seiner verfolgten Kinder. Welch ein großartiger Segen geht von der Gewaltlosigkeit und Leidensbereitschaft derer aus, denen die Worte Jesus gelten: „Sie haben mich verfolgt, sie werden euch verfolgen, freut euch, euer Lohn ist groß im Himmel"!

Ich habe niemals gehört, dass jemand die um Jesus willen verfolgten Christen zur Gegenwehr aufgefordert hätte. Das würde doch dem Geist Jesus völlig widersprechen. Die verfolgten Christen sagten oft, wir sollten nicht für das Ende der Verfolgungen, sondern für das treue Ausharren der Geschwister beten. Hier würden wir wohl übereinstimmend Gegenwehr für falsch halten, aber dann kann es doch wohl auch nicht richtig sein, einen irdischen Staat, das Land in dem wir leben, mit Waffengewalt zu verteidigen. Ist die irdische Heimat wichtiger? Ich bin überzeugt, für uns Christen gilt nur eine Ethik, die uns Gottes Wort gibt, die den Worten und Taten des Herrn Jesus entsprechen und die uns die Märtyrer vorgelebt haben und bis heute vorleben.

Frieden wird niemals mit Waffengewalt erreicht. Wer Frieden will, muss zum Leiden bereit sein, zum Leiden um Christus willen. Wer Frieden will, muss dem Hass, der Verfolgung und den Angriffen von Feinden mit Gewaltlosigkeit begegnen. Hier müssen wir menschliches Kalkulieren und Berechnen verlassen und ganz auf unseren Gott vertrauen der sagt: „Glückselig sind die Sanftmütigen, glückselig sind die Friedfertigen".

Gewalt dient immer der Durchsetzung eigener Ziele. Gottes Wort fordert uns niemals zu Gewalt auf, im Gegenteil, wenn dich einer auf die Wange schlägt, dem halte auch die andere hin. Wenn einer deinen Mantel fordert, dem gib auch dein Hemd. Gewaltlosigkeit im Sinne unseres Herrn ist nicht nur der Verzicht auf Gewalttätigkeit, sondern das Stille halten, das Jesus uns vorgelebt hat. Das schließt nicht zwangsläufig den Verzicht auf rechtsstaatliche Mittel zur Abwehr des Bösen aus, wie wir noch sehen werden.

Frieden: nur Privatsache?

Kann es wirklich sein, dass sich die Aussagen des Neuen Testaments zum Frieden nur auf unsere Familie, das soziale Umfeld und das Leben in der Gemeinde beziehen?

Galater 5,22-23: *Die Frucht des Geistes aber ist Liebe, Freude, Friede, Langmut, Freundlichkeit, Güte, Treue, Sanftmut, Selbstbeherrschung. Gegen solche Dinge gibt es kein Gesetz.*

Der Friede lässt sich aus dieser Liste christlicher Tugenden nicht herausbrechen. Die neun erwähnten Tugenden sind nicht verschiedene Früchte, von denen wir uns aussuchen könnten, was bei uns wachsen soll, es handelt sich um eine Frucht. Diese Frucht bewirkt der Heilige Geist in den Gläubigen, indem er die Eigenschaften des Herrn Jesus Christus auch in uns heranreifen lässt. Wie wertvoll ist es, wenn wir unserer Familie, unseren Freunden und Geschwistern in Liebe begegnen. Schon das ist oft eine schwere Übung, die nur in der Kraft des Geistes gelingt, aber Jesus geht weit darüber hinaus und sagt: „liebt eure Feinde". Er sagt es und er lebte es vor. Wie schön, wenn wir den Menschen in unserem sozialen Umfeld, in der Familie, Gemeinde, Nachbarschaft und am Arbeitsplatz mit Langmut, Güte, Sanftmut und Selbstbeherrschung begegnen. Christus begegnete ohne Ausnahme allen Menschen so, auch denen, die ihn beleidigten und verfolgten. Brauchen wir die Selbstbeherrschung nur, wenn unsere Kinder uns herausfordern, der Nachbar lärmt, Geschwister ihren Irrtum nicht einsehen wollen? Die Treue gehört nicht nur in die Ehe und vielleicht den Freundeskreis, die Treue eines Christen gehört zuerst Christus und seinem Wort.

Wenn Jesus uns verwandelt in sein Bild, wenn seine Eigenschaften in unserem Leben deutlich werden, dürfen und können wir das nicht beschränken. Weder auf unsere Familie und Gemeinde, noch auf unsere Heimatstadt oder unser Land. Gottes Liebe und Treue, ja auch der Friede gilt weltweit gegen Jedermann.

Ich fürchte, die Einstellung, der Friede würde sich auf unser privates Umfeld und nicht auf die politisch-gesellschaftliche Situation beziehen, entstand, um die Beteiligung an Kriegen zu rechtfertigen. So konnten Christen belehrt werden, dass sie ja das Wort Gottes halten und seinen Willen tun, so wie es geschrieben steht.

Wenn der Geist Gottes in unseren Herzen ist, dann gilt sein ganzes Wort immer und überall, in jeder Situation. Dass wir angesichts dieser Herausforderung bekennen müssen, oft zu fehlen und zu sündigen, ermächtigt uns aber niemals, einen Teil dieser Frucht in bestimmten Situationen bewusst zu ignorieren.

Die Frucht des Geistes ist nicht in unsere Verfügbarkeit gegeben, sondern wird Teil unseres Lebens aus Gott. Christus lebt in uns und mit ihm diese Frucht, und das 24 Stunden am Tag, in Friedens- und Kriegszeiten.

Krieg und Gewalt im Alten Testament

Das Alte Testament enthält zahlreiche Berichte von Krieg und Gewalt bis hin zur völligen Vernichtung ganzer Völker. So gab es immer wieder Christen, die sich darauf berufen haben, um die Beteiligung an einem in ihren Augen gerechten Krieg zu rechtfertigen. Wir müssen uns also der Frage stellen, warum im Alten Bund Kriege ihre Berechtigung hatten, sogar auch im direkten Auftrag Gottes geführt wurden und warum das in der Zeit des Neuen Bundes nicht mehr sein sollte.

Das erste Gericht Gottes über die Menschen geschah in den Tagen Noahs durch eine Flut, welche die ganze Erde bis zu den höchsten Bergen bedeckte und alles menschliche Leben vernichtete, mit Ausnahme Noahs und seiner Familie, die wegen ihres gottesfürchtigen Lebens in der Arche bewahrt wurden. Gott richtete die Menschen, weil sie von ihm abgewichen waren, sie waren erfüllt von Bosheit und Gewalttat. Schon der Bericht der Sintflut macht deutlich, dass es Gottes Gerechtigkeit entspricht, die Sünde zu richten. Römer 6,23: *„Denn der Lohn der Sünde ist der Tod"*. Nach der Rettung Noahs gab Gott das Versprechen, die Erde niemals mehr so vollständig zu richten. 1. Mose, 8,21-22: *Und der HERR roch den lieblichen Geruch, und der HERR sprach in seinem Herzen: Ich will künftig den Erdboden nicht mehr verfluchen um des Menschen willen, obwohl das Trachten des menschlichen Herzens böse ist von seiner Jugend* *an; auch will ich künftig nicht mehr alles Lebendige schlagen, wie ich es getan habe. Von nun an soll nicht aufhören Saat und Ernte, Frost und Hitze, Sommer und Winter, Tag und Nacht, solange die Erde besteht!*

Das bedeutete aber keinesfalls, Gott würde Sünde überhaupt nicht mehr richten. Immer wieder gab er auch damals den Menschen die Möglichkeit der Buße und Umkehr, in großer Langmut zögerte er das verdiente Gerichtshandeln ein ums andere Mal hinaus. Denken wir an die Predigt des Propheten Jona in Ninive, die zur Buße führte, so dass Gott in der Folge das beschlossene Gericht nicht ausübte.

Aber wenn das Maß der Sünde voll war, dann handelte Gott, wie wir es deutlich bei dem Gericht über Sodom und Gomorra sehen. Das Gericht war beschlossen, trotzdem lässt der Herr sich gerne auf den Handel mit Abraham ein, Sodom zu verschonen, wenn zunächst 50 und zum Schluss nur noch fünf Gerechte in der Stadt wären. Ach, wie gerne lässt unser Gott Gnade walten, tausendmal lieber vergibt er die Sünde als sie zu richten. Doch Sodom hatte die letzte Möglichkeit verpasst, und so strafte Gott, nicht willkürlich, nicht gerne, aber am Ende konsequent.

Mit der gleichen Konsequenz strafte Gott die Kanaaniter. Das waren die Völker, von denen der Herr seinem Volk Israel geboten hatte, sie vollständig zu vernichten. 2.Mose 34,11-17: *Beachte genau, was ich dir heute gebiete! Siehe, ich will vor dir her die Amoriter und die Kanaaniter vertreiben, sowie die Hetiter und die Pheresiter und die Hewiter und die Jebusiter. Hüte dich davor, einen Bund zu schließen mit den Einwohnern des Landes, in das du kommst, damit sie dir nicht zum Fallstrick werden in deiner Mitte; sondern ihr sollt ihre Altäre umstürzen und ihre Gedenksteine zerbrechen und ihre Aschera-Standbilder ausrotten. Denn du sollst keinen anderen Gott anbeten. Denn der HERR, dessen Name »Der Eifersüchtige« ist, ist ein eifersüchtiger Gott. Dass du nicht etwa einen Bund schließt mit den Einwohnern des Landes, und sie, wenn sie ihren Göttern nachhuren und ihren Göttern opfern, dich einladen und du dann von ihrem Opfer isst, und deinen Söhnen ihre Töchter zu Frauen nimmst und ihre Töchter dann ihren Göttern nachhuren und deine Söhne verführen, dass sie auch ihren Göttern nachhuren. Du sollst dir keine gegossenen Götter machen!*

Israel sollte diese Volksstämme nicht vernichten, weil diese ihren Siedlungsplänen im verheißenen Land im Weg gewesen wären, nein keinesfalls. Gott hatte das Gericht über diese Völker wegen ihres gottlosen Lebens und ihres fürchterlichen Götzendienstes beschlossen. Der Baalsdienst war verbunden mit Tempelprostitution, Okkultismus und Menschenopfern, ja die eigenen Kinder opferten die Kanaaniter den Götzen. Israel war von Gott dazu bestimmt, das Werkzeug seines Gerichts zu sein. Das ist unserem Denken sehr fremd, gerade wenn wir darüber nachdenken, dass Christen keine Gewalt ausüben, nicht an Kriegshandlungen teilnehmen und nicht töten.

Wir haben es hier mit der Zeit vor Christus zu tun. Selbst unsere Zeitrechnung kennt die Jahre vor und nach Christus. Das ist kein Zufall. Alles wird anders durch die Menschwerdung und das Opfer des Gottessohnes. Hier, im Alten Testament finden wir immer wieder, dass Gott die Sünde richtet. Die Kanaaniter würden ihr gottloses Wesen nicht ändern, sie würden aber das Volk Gottes dazu verführen, ihr gottgefälliges Leben zu ändern, sich mit ihnen zu vermischen und ihren Götzendienst zu übernehmen.

Genau das geschah dann auch, weil Israel Gottes Befehle nicht vollständig befolgte. In Richter 1 steht von vielen Stämmen geschrieben: „Sie vertrieben die Kanaaniter (aus bestimmten Gebieten) nicht, sie wohnten in ihrer Mitte". Die Folge war der immer wiederkehrende Abfall Israels von den Geboten des Herrn. Alle folgenden Kriege hatten ihren Ursprung im Ungehorsam des Volkes Gottes. So wie Mose und Josua es angekündigt hatten, straft Gott sein Volk durch die Angriffe der Nachbarvölker. Israels Kriege nach der Einnahme Kanaans gehen nicht auf eigene Expansionspläne zurück, es waren immer Verteidigungskriege gegen die Angriffe der feindlichen Völker, die Gott als Strafe für den Ungehorsam zuließ. Schließlich führte es zur völligen Wegführung und Zerstreuung Israels. 2. Chronika 7,13-14: *Wenn ich den Himmel verschließe, so dass es nicht regnet, oder den Heuschrecken gebiete, das Land abzufressen, oder wenn ich eine Pest unter mein Volk sende, und mein Volk, über dem mein Name ausgerufen worden ist, demütigt sich, und sie beten und suchen mein Angesicht und kehren um von ihren bösen Wegen, so will ich es vom Himmel her hören und ihre Sünden vergeben und ihr Land heilen.* Verse 19-22: *Wenn ihr euch aber abwendet und meine Satzungen und Gebote, die ich euch vorgelegt habe, verlasst und hingeht und anderen Göttern dient und sie anbetet, so werde ich sie aus meinem Land herausreißen, das ich ihnen gegeben habe; und dieses Haus, das ich meinem Namen geheiligt habe, werde ich von meinem Angesicht verwerfen und es zum Sprichwort setzen und zum Spott unter allen Völkern. Und über dieses Haus, das erhaben gewesen ist, wird [dann] jeder, der an ihm vorübergeht, sich entsetzen und sagen: Warum hat der HERR diesem Land und diesem Haus so etwas angetan? Dann wird man antworten: Weil sie den HERRN, den Gott ihrer Väter, der sie aus dem Land Ägypten geführt hat, verlassen haben und sich an andere Götter gehängt und sie angebetet und ihnen gedient haben - darum hat er all dieses Unheil über sie gebracht!*«

Wir müssen es ganz deutlich sehen: wenn Israel den Befehl des Herrn zur Vernichtung der Kanaaniter befolgt hätte und seinem Gebot treu geblieben wäre, hätte es keine weiteren Kriege gegeben. Gottes Wille für sein Volk war Frieden. In 1. Könige 5,4-5 wird über den weisen König Salomo gesagt: *Denn er herrschte im ganzen Land diesseits des Euphrat-Stromes von Tiphsach bis nach Gaza, über alle Könige diesseits des Stromes; und er hatte Frieden auf allen Seiten ringsum. Und Juda und Israel wohnten sicher, jeder unter seinem Weinstock und unter seinem Feigenbaum, von Dan bis Beerscheba, solange Salomo lebte.* Nachdem David die Fehler der Richterzeit in vielen Kriegen soweit korrigieren konnte, dass Gottes Volk in einem sicheren Land existierte, erlebten die Israeliten während der Regierungszeit Salomos, wie der Herr sich das Leben seines Volkes im gelobten Land vorgestellt hatte. Sie hatten Frieden und waren mit großem Reichtum gesegnet. In dieser Zeit zeigte Gott seinem Volk, was es bedeutet, in einem Land zu leben, das „von Milch und Honig fließt". Die Herrscher fremder Völker kamen, um die Weisheit Salomos zu sehen, es gab keinen Gedanken an Krieg. Israel lebte in Sicherheit. Leider hat auch hier die Sünde alles wieder zerstört, aber niemand kann Gott dafür verantwortlich machen, er hatte deutlich gezeigt, was er wollte: Frieden.

Die Kriege Israels nach der Besitznahme Kanaans waren immer und ausschließlich Folge der Sünde und des Abfalls von Gott und fehlender Buße. Krieg war und ist immer Folge des

Aufruhrs gegen Gott, denn unser Gott ist ein Gott des Friedens.

Wir wollen auch beachten, dass der Herr seinem Volk genaue Anweisungen für den Umgang mit besiegten Kriegsgegnern gegeben hat. 5. Mose 20,10-14: *Wenn du vor eine Stadt ziehst, um gegen sie Krieg zu führen, so sollst du ihr Frieden anbieten. Antwortet sie dir friedlich und öffnet sie dir [die Tore], so soll das ganze Volk, das darin gefunden wird, dir fronpflichtig und dienstbar sein. Will sie aber nicht friedlich mit dir unterhandeln, sondern mit dir Krieg führen, so belagere sie. Und wenn der HERR, dein Gott, sie dir in die Hand gibt, so sollst du alle ihre männlichen Einwohner mit der Schärfe des Schwertes schlagen; aber die Frauen und die Kinder und das Vieh und alles, was in der Stadt ist, und allen Raub sollst du dir zur Beute nehmen und sollst essen von der Beute deiner Feinde, die der HERR, dein Gott, dir gegeben hat.* Vers 19-20: *Wenn du eine Stadt, gegen die du Krieg führst, längere Zeit belagern musst, um sie einzunehmen, so sollst du ihre Bäume nicht verderben, indem du die Axt daranlegst; denn du kannst davon essen und brauchst sie nicht abzuhauen. Ist denn der Baum des Feldes ein Mensch, dass er von dir mit in die Belagerung einbezogen wird? Nur die Bäume, von denen du weißt, dass man nicht davon isst, die darfst du verderben und umhauen und Bollwerke daraus bauen gegen die Stadt, die mit dir Krieg führt, bis du sie überwältigt hast.*

Gott gab seinem Volk deutliche Grenzen bezüglich der Kriegsführung: Er verbot die bis heute üblichen Exzesse, das rauschhafte Zerstören und die sinnlosen Gewaltorgien, die auch damals üblich waren. Er untersagte unnötiges Blutvergießen und gebot die größtmögliche Schonung der Feinde.

Der Gott des Alten Testaments ist derselbe gnädige und barmherzige Gott, der die Menschen liebt und gerne vergibt, wie der Gottessohn, der zu uns kommt und uns im Neuen Testament in viel größerer Deutlichkeit zeigt, was im Herzen Gottes ist. Auch das Alte Testament enthält so viele Aussagen, die uns die Güte, Gnade und freudige Vergebungsbereitschaft des Herrn bezeugen. Micha 1,18-19: *Wer ist ein Gott wie du, der die Sünden vergibt und dem Überrest seines Erbteils die Übertretung erlässt, der seinen Zorn nicht allezeit festhält, sondern Lust an der Gnade hat? Er wird sich wieder über uns erbarmen, unsere Missetaten bezwingen. Ja, du wirst alle ihre Sünden in die Tiefe des Meeres werfen!* Er richtet, wo es unumgänglich ist, aber in der Gnadenzeit, in der wir leben dürfen, wissen wir, dass Christus für unsere Sünde gerichtet wurde. Gott ruft durch uns in die Welt: „Lasst euch versöhnen mit Gott". Schließt das nicht jeden Gedanken daran aus, Gott wollte durch unsere Hand im Krieg Menschen richten?

Hat Jesus zur Gewalt aufgerufen?

In Matthäus 10, 34-39 sagt Jesus seinen Jüngern: *Ihr sollt nicht meinen, dass ich gekommen sei, Frieden auf die Erde zu bringen. Ich bin nicht gekommen, Frieden zu bringen, sondern das Schwert! Denn ich bin gekommen, den Menschen zu entzweien mit seinem Vater und die Tochter mit ihrer Mutter und die Schwiegertochter mit ihrer Schwiegermutter; und die Feinde des Menschen werden seine eigenen Hausgenossen sein. Wer Vater oder Mutter mehr liebt als mich, der ist meiner nicht wert; und wer Sohn oder Tochter mehr liebt als mich, der ist meiner nicht wert. Und wer nicht sein Kreuz auf sich nimmt und mir nachfolgt, der ist meiner nicht wert. Wer sein Leben findet, der wird es verlieren; und wer sein Leben verliert um meinetwillen, der wird es finden!* Widerspricht das nicht allem bisher festgestellten, wenn Jesus sagt, er sei gekommen um das Schwert zu bringen und nicht den Frieden? Wie kann der Friedefürst, bejubelt von den Engeln: „Friede auf Erden", wie kann er das sagen? Ist das nicht die Entschuldigung, ja die Begründung für die Beteiligung am Krieg? Wenn Christus das Schwert bringt, warum sollen wir es dann nicht annehmen?

Wenn wir diese Aussage des Herrn im Zusammenhang bedenken, wird schnell deutlich, dass es hier nicht um den Krieg, nicht um bewaffnete Auseinandersetzungen geht, sondern hier sagt er das Erleiden von Verfolgung voraus. Wo Menschen Christen werden, war damals und ist auch heute noch in viele Ländern Unfrieden, Hass und Verfolgung die Konsequenz. Das will der Herr Jesus seinen Jüngern hier deutlich machen. Bis hinein in die engste Familie geht der Friede verloren, verstoßen Eltern ihre Kinder oder Kinder ihre Eltern und verlassen Ehepartner einander. Bis heute werden Menschen, die sich für Christus entscheiden getötet, oft innerhalb der eigenen Familie. Das Schwert der Verfolgung war und ist für viele Christen Realität geworden. Jesus erklärt uns hier, dass dies zum Bau des Reiches Gottes inmitten der gottlosen Welt dazugehört. Satan, der Fürst der Welt, verteidigt seinen Einflussbereich verzweifelt und mit allen Mitteln. Hass, Verfolgung, Gewalt und Mord sind seine Methoden, Menschen davon abzuhalten, sich für den Glauben an Christus zu entscheiden. Mindestens genauso effektiv ist aber auch die Methode, die uns im Westen eher betrifft: die Vermischung von geistlichem und weltlichem, von Gemeinde und Gesellschaft.

Wer sich mit diesem Jesuswort auseinandersetzt und es im Zusammenhang mit seiner ganzen Botschaft betrachtet, kann niemals auf den Gedanken kommen, Jesus hätte hier in irgendeiner Weise die Ausübung von Gewalt durch seine Jünger vorhergesagt. Nein, die Teilnahme von Nachfolgern Jesu an Kriegen kann mit diesem Wort des Herrn keinesfalls begründet werden.

Hat Jesus Gewalt ausgeübt?

Johannes 2, 15-16: *Und er machte eine Geißel aus Stricken und trieb sie alle zum Tempel hinaus, sowohl die Schafe als auch die Ochsen; und die Münze der Wechsler schüttete er aus, und die Tische warf er um; und zu den Taubenverkäufern sprach er: Nehmet dies weg von hier, machet nicht das Haus meines Vaters zu einem Kaufhause. (Elberfelder Bibel)*

Jesus sieht die Händler im Tempel, dem Haus seines Vaters. Dass die Menschen diesen heiligen Ort entweihten, indem sie sich an denen bereicherten, die teilweise von weither kamen und deshalb keine eigenen Tiere mitbringen konnten oder weil sie aus dem Ausland kamen und Geld in einer anderen Währung besaßen das sie erst umtauschen mussten, traf ihn tief. Wir sehen im Leben des Herrn Jesus, dass er üblicherweise mit einem Wort oder einer Geste Situationen verändert. Hier wird er in eher ungewohnter Art aktiv. Die Tiere hätten sofort dem Wort des Schöpfers gehorcht, er hätte sie nicht treiben müssen. Jesus wollte wohl ein deutliches Zeichen setzen, dass eine Grenze überschritten war. Das Gotteshaus war und ist kein Kaufhaus. Seine Aktivität macht in besonderer Weise den Zorn Gottes deutlich, aber wir können und dürfen aus dem Bericht nicht den Schluss ziehen, der Herr hätte zur Gewalt gegen die Menschen gegriffen. In manchen Übersetzungen wird es nicht recht deutlich, aber wir können überzeugt sein, dass Jesus die Geißel benutzte, um das Vieh hinauszutreiben, er setzte sie nicht gegen die Händler ein. Er fügte ihnen nicht einmal materiellen Schaden zu, denn er ließ die Tauben nicht frei, die dann wohl verloren gewesen wären. Er forderte die Händler auf, mit den Tauben den Tempel zu verlassen. Wir finden kein Wort davon, dass er die Geißel gegen sie einsetzte, also auch kein Gedanke daran, er hätte die anderen Viehhändler geschlagen, die werden ihren Tieren freiwillig gefolgt sein, um sie zusammen zu halten. Hätte Jesus hier im Zorn mit Gewalt reagiert und mit der Geißel Menschen geschlagen, dann müssten wir doch erwarten, er hätte alle schuldigen Händler geschlagen, und nicht zwischen Viehhändlern auf der einen Seite und Taubenverkäufern und Geldwechslern auf der anderen Seite unterschieden. Im Übrigen können wir wohl davon ausgehen, dass im Fall von Gewaltanwendung die Tempelpolizei eingegriffen hätte.

Jesus Christus hat gelegentlich sehr deutliche und harte Worte gegenüber Menschen gebraucht, sehr selten, denn meistens war sein Reden geprägt von Sanftmut und Barmherzigkeit. Aber es gab auch Situationen in denen deutliches Reden notwendig war, um falsches Denken und Handeln aufzuzeigen. Es entsprach durchaus der Liebe, den Menschen die Folgen ihrer Ablehnung des Messias deutlich zu machen, so warnte er auch vor dem kommenden Gericht. Niemals aber wendete er körperliche Gewalt an.

Die Schwerter der Jünger

Lukas 22,36-38: *Nun sprach er zu ihnen: Aber jetzt, wer einen Beutel hat, der nehme ihn, ebenso auch die Tasche; und wer es nicht hat, der verkaufe sein Gewand und kaufe ein Schwert. Denn ich sage euch: Auch dies muss noch an mir erfüllt werden, was geschrieben steht: »Und er ist unter die Gesetzlosen gerechnet worden«. Denn was von mir geschrieben steht, das geht in Erfüllung! Sie sprachen: Herr, siehe, hier sind zwei Schwerter! Er aber sprach zu ihnen: Es ist genug!*

In Lukas 9 lesen wir den Bericht von der Aussendung der Jünger zur Predigt des Reiches Gottes in den umliegenden Dörfern. Jesus gebietet ihnen, sich ohne Stab, Tasche, Brot, Geld und Wechselhemd auf den Weg zu machen. Als er sie später fragte, ob es ihnen an irgendetwas gemangelt hätte, sagen sie: „nein, nichts". Jesus hat für sie gesorgt. Er hat über sie gewacht, so dass sie sich um nichts kümmern mussten. So lehrte er seine Jünger ganz praktisch, ihm in Allem vollkommen zu vertrauen. Wenn sie in seinem Namen unterwegs sind, wird er für alles Notwendige sorgen, ihnen den Weg ebnen und sie führen. Ein wunderbares Zeichen auch für uns, die wir heute Christus nachfolgen und in seinem Auftrag handeln. Er sorgt für uns.

In der Situation von Lukas 22 gilt etwas ganz Anderes, ja Gegenteiliges. „Nehmt Beutel und Tasche und kauft ein Schwert". Er erklärt ihnen, dass jetzt die Zeit gekommen ist, wo erfüllt wird, was über ihn geschrieben steht, er wird unter die Gesetzlosen gerechnet, wie ein Verbrecher behandelt. Er wird verhaftet, gefangen genommen und dem Gericht übergeben. Er wird zum Tod verurteilt und sterben.

Für seine Jünger bedeutete diese Tatsache, dass er jetzt nicht mehr für sie sorgen konnte. Sie waren auf sich gestellt, ihr Meister, dem sie drei Jahre nachfolgten, der in dieser ganzen Zeit für sie gesorgt und sie behütet hatte, der sie lehrte ihm vollkommen zu vertrauen, er musste ihnen jetzt deutlich machen, dass sie nun, wenn auch nur für drei Tage, auf sich gestellt sein werden. Sie müssen selbst für ihren Lebensunterhalt und für ihre Sicherheit sorgen. Das wollte er ihnen mit diesen Worten klarmachen. Oft genug hatte er sie darauf vorbereiten wollen, dass er auf dem Weg nach Jerusalem war, um zu leiden und zu sterben. Am dritten Tag würde er auferstehen. Sie konnten es nicht verstehen.

Nun sollte man meinen, die Jünger wären nach der drei jährigen Erfahrung mit den Belehrungen ihres Herrn in der Lage, sein symbolisches Reden zu verstehen und zu deuten. Aber sie verweisen gleich auf zwei Schwerter, über die sie verfügen. Und Jesus, der doch sogar gesagt hatte: „verkauft euer Gewand und kauft ein Schwert" er sagt nur: „es ist genug". Hätte er seine Anweisung wörtlich gemeint, wäre doch wohl wederholt worden: „Verkauft eure Gewänder und kauft Schwerter" Gottes Anweisungen sind präzise, er würde nicht wollen, dass jeder ein Schwert kauft und dann sagen, zwei sind genug. Da wird doch schon sehr deutlich, dass der Schwertkauf symbolisch zu verstehen ist. Wer in den Evangelien bewandert ist, kennt doch die symbolischen Reden des Herrn Jesus. Lesen wir als Beispiel Matthäus 5,29-30: *Wenn dir aber dein rechtes Auge ein Anstoß [zur Sünde] wird, so reiß es aus und wirf es von dir! Denn es ist besser für dich, dass eines deiner Glieder verloren geht, als dass dein ganzer Leib in die Hölle geworfen wird. Und wenn deine rechte Hand für dich ein Anstoß [zur Sünde] wird, so haue sie ab und wirf sie von dir! Denn es ist besser für dich, dass eines deiner Glieder verloren geht, als dass dein ganzer Leib in die Hölle geworfen wird.* Ich habe niemals gehört, dass jemand dieses Wort Jesu wörtlich verstanden hätte. Unsere Gemeinden und Kirchen wären voller Einäugiger und Einarmiger. Natürlich wissen wir, dass diese Aussage symbolisch verstanden werden muss.

Ich kann nicht erkennen, dass irgendetwas für ein wörtliches Verständnis der Schwerter sprechen könnte. Es scheint mir ein sehr untauglicher Versuch, Jesus als Zeugen für den Wunsch nach der Beteiligung am Krieg aufzurufen. Wenn Jesus dann angesichts der zwei Schwerter sagt: „es ist genug", kann er unmöglich gemeint haben, mit zwei Schwertern kommt ihr aus, damit ist eure Sicherheit garantiert. Selbst mit zwölf Schwertern bewaffnet hätten die Legionäre ihnen wohl rasch das Gegenteil bewiesen. Nein, das Wort: „es ist genug" ist ein Ausdruck der Resignation bezüglich des Unverständnisses der Jünger. Es ist genug, ich kann es euch jetzt nicht weiter erklären, ihr habt mich nicht verstanden. Den gleichen Wortsinn finden wir in Markus 14,41: *Und er kommt zum dritten Mal und spricht zu ihnen: Schlaft ihr noch immer und ruht? — Es ist genug! Die Stunde ist gekommen. Siehe, der Sohn des Menschen wird in die Hände der Sünder ausgeliefert.*

Später beweist Petrus, wie falsch er seinen Meister verstanden hat. Er zieht das Schwert und schlägt Malchus, dem Knecht des Hohenpriesters, ein Ohr ab. Wie gut, dass die Sicherheit der Jünger nicht vom Schwertkampf abhing, der Schlag war wohl nicht sehr geschickt ausgeführt. Jesus Christus machte, indem er Malchus umgehend geheilt hat, an dieser Stelle in aller Deutlichkeit klar, was er von Waffengewalt hält: Matthäus 26,52: *Da sprach Jesus zu ihm: Stecke dein Schwert an seinen Platz! Denn alle, die zum Schwert greifen, werden durch das Schwert umkommen!*

Nicht wenn du zum Schwert greifst wirst du durchs Schwert umkommen, nein, alle, die zum Schwert greifen, werden durch das Schwert umkommen. Alle, das bedeutet, hier gibt es keine Ausnahme, auch nicht im Krieg, auch nicht für den Scharfrichter. Alle, das ist eine deutliche

Warnung. Stecke das Schwert in die Scheide, nur da ist sein Platz, benutze es nicht, es wird dich selbst umbringen.

Diese Worte mit den folgenden Sätzen sind, mit Ausnahme der persönlichen Ansprache vom Kreuz herab an Johannes, die letzten Worte des Herrn an seine Nachfolger, bevor er stirbt. Das letzte Wort des Herrn Jesus Christus an seine Jünger, gleichsam sein Vermächtnis, ist die ernste Warnung vor dem Waffengebrauch, der deutliche Hinweis, niemals Gewalt anzuwenden. Das sollen und dürfen wir nicht ignorieren. Jesus verbietet uns Gewalt und den Einsatz von Waffen. Das gilt nicht nur für den Privatgebrauch, hier gibt es keine Einschränkung. Das Wort vom Schwert erlaubt nicht den Krieg, nein im Gegenteil, es verbietet ihn für seine Nachfolger in aller Deutlichkeit.

Wenn wir das Leben des Herrn Jesus Christus betrachten, wenn wir seine Aussagen auf uns wirken lassen, stellen wir fest, dass er niemals Gewalt ausgeübt und auch niemals zu Gewalt aufgerufen hat. Er hat genau entgegengesetzt gehandelt und gelehrt. Christus ruft auf zum Frieden, zum Erdulden, zu Langmut und grenzenloser Liebe, selbst für die Feinde. Da bleibt kein Raum für Krieg. Hinweg mit den Schwertern, weg mit den Waffen dieser Welt, so lautet das Vermächtnis und die Botschaft des Herrn an seine Nachfolger.

Der Obrigkeit untertan

Vielleicht hast du auch schon erlebt, was vielen Christen begegnet ist. Du möchtest mit einem Menschen über den Glauben sprechen, und dieser hält dir Gräueltaten der Kirchen oder Christen aus Verfolgungen und Kriegen der letzten 1000 Jahre vor, die Kreuzzüge, Zwangsmissionierung, Religions- und Glaubenskriege, die wir ja nicht leugnen können. Da kommt man schnell ins Stottern und sucht nach Erklärungen oder Entschuldigungen. „So schlimm, wie es immer dargestellt wird, war es eigentlich gar nicht" oder „das waren nur die bösen Katholiken" oder „das waren doch alles keine echten Christen". Vielleicht versuchst du zu erklären, dass es doch im Wesentlichen um politische Auseinandersetzungen ging, dass der Glaube da eigentlich nichts mit zu tun hatte. Wir können es doch nicht leugnen, dass Christen immer wieder beteiligt waren an Kriegen und furchtbaren Ereignissen, auch wenn wir die echte Glaubensüberzeugung vieler Beteiligter in Frage stellen müssen. Natürlich können viele Menschen nicht unterscheiden zwischen Personen, die sich äußerlich zu einer Kirche bekennen und Nachfolgern des Herrn Jesus; aber wir wissen, dass auch überzeugte Christen im Krieg getötet haben und an Taten beteiligt waren, die man verurteilen muss und im zivilen Bereich streng bestrafen würde.

Wir befreiend wäre es, wenn wir Christen da, wo Rechenschaft von uns gefordert wird, ehrlich sagen: „Ja, wir haben gesündigt. Ja, das Handeln, welches ihr den Christen vorwerft war falsch, wir sind schuldig geworden. Niemals hätten wir mit dem Staat gemeinsame Sache in der Kriegsführung oder Verfolgung anderer machen dürfen. Für mich gilt jetzt: Christen beteiligen sich nicht an Kriegen und üben keine Gewalt aus". Das wäre ein klares Zeugnis.

Dürfen wir aber so reden? Die Bibel sagt doch, wir sollen der Obrigkeit untertan sein. Wenn die Obrigkeit uns auffordert, in den Krieg zu ziehen um unser Land zu verteidigen, müssen wir dann nicht gehorchen? Lehrt die Kirche deshalb nicht sogar den gerechten Krieg, dem wir uns nicht entziehen dürfen?

Römer 13,1-7: *Jedermann ordne sich den Obrigkeiten unter, die über ihn gesetzt sind; denn es gibt keine Obrigkeit, die nicht von Gott wäre; die bestehenden Obrigkeiten aber sind von Gott eingesetzt. Wer sich also gegen die Obrigkeit auflehnt, der widersetzt sich der Ordnung Gottes; die sich aber widersetzen, ziehen sich selbst die Verurteilung zu. Denn die Herrscher sind nicht wegen guter Werke zu fürchten, sondern wegen böser. Wenn du dich also vor der Obrigkeit nicht fürchten willst, so tue das Gute, dann wirst du Lob von ihr empfangen! Denn sie ist Gottes Dienerin, zu deinem Besten. Tust du aber Böses, so fürchte dich! Denn sie trägt das Schwert nicht umsonst; Gottes Dienerin ist sie, eine Rächerin zum Zorngericht an dem, der das Böse tut. Darum ist es notwendig, sich unterzuordnen, nicht allein um des Zorngerichts, sondern auch um des Gewissens willen. Deshalb zahlt ihr ja auch Steuern; denn sie sind Gottes Diener, die eben dazu beständig tätig sind. So gebt nun jedermann, was ihr schuldig seid: Steuer, dem die Steuer, Zoll, dem der Zoll, Furcht, dem die Furcht, Ehre, dem die Ehre gebührt.*

1.Petrus 2, 13-17: *Ordnet euch deshalb aller menschlichen Ordnung unter um des Herrn willen, es sei dem König als dem Oberhaupt oder den Statthaltern als seinen Gesandten zur Bestrafung der Übeltäter und zum Lob derer, die Gutes tun. Denn das ist der Wille Gottes, dass ihr durch Gutestun die Unwissenheit der unverständigen Menschen zum Schweigen bringt; als Freie, und nicht als solche, die die Freiheit als Deckmantel für die Bosheit benutzen, sondern als Knechte Gottes. Erweist jedermann Achtung, liebt die Bruderschaft, fürchtet Gott, ehrt den König!* 20b: *Wenn ihr aber für Gutestun leidet und es geduldig ertragt, das ist Gnade bei Gott.*

Jede Obrigkeit ist von Gott, dass schrieb Paulus unter der Herrschaft des grausamen und blutrünstigen Christenverfolgers Nero. Das dürfen wir beim Nachdenken über diesen Abschnitt nicht außer Acht lassen. Zunächst sagt uns der Abschnitt, dass Obrigkeit als Prinzip, als ordnende Macht von Gott gewollt und eingesetzt ist. Das bedeutet aber niemals, dass Obrigkeit immer im Sinne Gottes handelt. Wenn Nero die Christen als brennende Fackeln an den Straßen aufstellte, wenn er sie den Löwen zum Fraß vorwarf, dann war es nicht Gottes Wille, den er ausübte. Wenn Hitler sechs Millionen Juden töten ließ, war das niemals Gottes Wille. Wenn Stalin, Mao oder viele andere Gewaltherrscher Leid, Not und den Tod über Millionen von Menschen brachten, war auch das keines Falls Gottes Wille. Wenn heute die Ehescheidung und Wiederheirat vor der Obrigkeit als völlig normal und nicht zu beanstanden gilt, ist das trotzdem nicht Gottes Wille. Wenn Abtreibung zwar verboten, aber hunderttausendfach jährlich durchgeführt und geduldet wird, ist das nicht Gottes Wille. Obrigkeit ist von Gott eingesetzt als ordnendes Prinzip. Ihr Auftrag ist klar: Das Gute belohnen und das Böse strafen. Wenn sie aber selbst das Böse duldet, tut oder belohnt, widerstrebt sie ihrem Auftrag und handelt nicht im Sinne Gottes.

Wenn die Obrigkeit von Gott eingesetzt ist, bedeutet das also nicht, dass sie in jedem Fall als Gottes Stellvertreter handelt, sondern dass sie in jedem Fall Gott verantwortlich ist. „Die bestehenden Obrigkeiten sind von Gott eingesetzt" bedeutet nicht, dass sie deshalb auch im Sinne Gottes handeln. Das Einsetzen bezieht sich auf den ordnenden Auftrag, nicht aber auf das konkrete Handeln. Im Alten Testament wird immer wieder deutlich, dass Gott Könige und Herrschaften zur Verantwortung zieht. Saul, der direkt von Gott zum König berufen war, wurde auch von ihm verworfen, weil er sich seinem Willen widersetzte. Um diese Verantwortung für das Handeln der Obrigkeit vor Gott geht es in den zitierten Bibelstellen. Gott gebrauchte das Handeln des Königs von Babel, um sein ungehorsames Volk zu richten. Gleichzeitig erklärte er aber auch, dass er diesen König für sein gottloses Handeln zur Verantwortung ziehen wird. Manchmal handeln Obrigkeiten böse und erfüllen dabei doch den Willen Gottes, ohne dass dadurch das böse Handeln gut würde. Um es mit den Worten Paul Claudels zu sagen: „Gott schreibt auch auf krummen Zeilen gerade".

Es muss also immer genau geprüft werden, ob staatliche Obrigkeit, eine Regierung, in Verantwortung vor Gott handelt oder ob sie sich dem Willen Gottes widersetzt. Da gibt es oft keine leichten Antworten. Es gibt kein grundsätzliches richtig oder falsch, sondern für jedes staatliche Handeln haben wir zu fragen, ob es dem Willen Gottes entspricht, denn für uns gilt auch, was Petrus und Johannes ihre Obrigkeit fragen: Apostelgeschichte 4,19: *„Ist es Recht, euch mehr zu gehorchen als Gott"*? Wenn die Obrigkeit ihrer Verantwortung vor Gott nicht gerecht wird, haben wir uns zu widersetzen, denn auch wir sind in erster Linie Gott verantwortlich. Petrus betont wie Paulus die Unterordnung, aber auch er sagt unmissverständlich: „Im Gutestun". Christen folgen der Obrigkeit stets im Gutestun, aber niemals im Bösen. Petrus sagt, dass es sogar geschehen kann, dass wir für Gutestun leiden müssen, dann sollen wir es geduldig ertragen, obwohl die Obrigkeit hier vollkommen entgegen ihres Auftrags handelt, das Gute zu belohnen. Wenn Obrigkeit Böses im Sinn hat und wir uns für das Gute entscheiden, wird es den Regierenden nicht gefallen. Aber es ist Gnade Gottes, wenn wir uns standhaft widersetzen. Es ist nichts Anderes, was die Christen in der Verfolgung seit 2000 Jahren getan haben und bis heute tun, sie widersetzen sich der Obrigkeit und bleiben Christus treu.

Nun haben wir nicht die Deutungshoheit über Gut oder Böse, diese hat ausschließlich das Wort Gottes. Wenn die Obrigkeit mich anweist, auf einem bestimmten Straßenabschnitt nur 70 km/h zu fahren, ich aber denke, die Strecke ist so übersichtlich und frei, dass ich getrost 100 km/h fahren kann ohne jemanden zu gefährden, ist das meine persönliche Ansicht, die Bibel wird mich nicht darin bestärken, dass die staatliche Ordnung hier böse ist und ich sie nicht beachten müsste. Das Gleiche gilt, wenn ich Steuern zahlen muss, die ich vielleicht für zu hoch oder ungerechtfertigt halte. Es wird zahlreiche Beispiele geben, wo ich mich unterordnen muss, ohne damit Böses zu tun, auch wenn es mir nicht gefällt. In einer Demokratie habe ich sogar die Möglichkeit, an Entscheidungsfindungen mitzuwirken und über die Obrigkeit mit zu entscheiden. Am Ende gilt jedoch immer, für jede von mir geforderte Handlung die Unterscheidung zwischen Gut und Böse zu treffen.

Unsere wesentliche Frage ist, was wir zu tun haben, wenn der Staat zum Krieg ruft. Haben wir Christen dann gehorsam zu sein? Wir haben schon festgestellt, dass wir dem Staat nicht blind folgen dürfen. Also müssen wir fragen, was der Wille Gottes ist. Sehen wir doch einmal, in welchem Zusammenhang der zitierte Römerabschnitt steht. Unmittelbar vorher steht: Römer 12, 9-21: *Die Liebe sei ungeheuchelt! Hasst das Böse, haltet fest am Guten! In der Bruderliebe seid herzlich gegeneinander; in der Ehrerbietung komme einer dem anderen zuvor! Im Eifer lasst nicht nach, seid brennend im Geist, dient dem Herrn! Seid fröhlich in Hoffnung, in Bedrängnis haltet stand, seid beharrlich im Gebet! Nehmt Anteil an den Nöten der Heiligen, übt willig Gastfreundschaft! Segnet, die euch verfolgen; segnet und flucht nicht! Freut euch mit den Fröhlichen und weint mit den Weinenden! Seid gleichgesinnt gegeneinander; trachtet nicht nach hohen Dingen, sondern haltet euch herunter zu den Niedrigen; haltet euch nicht selbst für klug! Vergeltet niemand Böses mit Bösem! Seid auf das bedacht, was in den Augen aller Menschen gut ist. Ist es möglich, soviel an euch liegt, so haltet mit allen Menschen Frieden. Rächt euch nicht selbst, Geliebte, sondern gebt Raum dem Zorn [Gottes]; denn es steht geschrieben: »Mein ist die Rache; ich will vergelten, spricht der Herr«. »Wenn nun dein Feind Hunger hat, so gib ihm zu essen; wenn er Durst hat, dann gib ihm zu trinken! Wenn du das tust, wirst du feurige Kohlen auf sein Haupt sammeln.« Lass dich nicht vom Bösen überwinden, sondern überwinde das Böse durch das Gute!*

Und gleich im Anschluss: Römer 13, 8-10: *Seid niemand etwas schuldig, außer dass ihr einander liebt; denn wer den anderen liebt, hat das Gesetz erfüllt. Denn die [Gebote]: »Du sollst nicht ehebrechen, du sollst nicht töten, du sollst nicht stehlen, du sollst nicht falsches Zeugnis ablegen, du sollst nicht begehren« - und welches andere Gebot es noch gibt -, werden zusammengefasst in diesem Wort, nämlich: »Du sollst deinen Nächsten lieben wie dich selbst!« Die Liebe tut dem Nächsten nichts Böses; so ist nun die Liebe die Erfüllung des Gesetzes.*

Kann es deutlicher werden, was das Gute und was das Böse ist? Der letzte Satz vor dem Abschnitt bezüglich der Obrigkeit lautet: *„Überwinde das Böse durch das Gute"* und 13,10 sagt: *„Die Liebe tut dem Nächsten nicht Böses".* Kann der Heilige Geist uns noch deutlicher zeigen, dass der Obrigkeit untertan sein niemals bedeuten kann, in den Krieg zu ziehen? Wenn du dem Feind mit der Waffe in der Hand gegenüberstehst, wie willst du dann mit allen Menschen Frieden halten, wie willst du dann Gutes tun und das Böse damit überwinden? Lasst uns den Zusammenhang nicht aus den Augen verlieren, ich bin sicher, unser Herr setzt hier in Bezug auf die Obrigkeit ein deutliches Zeichen bezüglich unserer Verantwortung als seine Jünger.

Täuschen wir uns auch nicht über das erwähnte Schwert der Obrigkeit. In diesem Zusammenhang geht es nicht um Krieg, sondern um die Bestrafung des Bösen. Es handelt sich hier um das Schwert, dass der Richter als Zeichen seiner Würde und Macht trug. Es ist auch nicht das Schwert des Henkers, denn die Todesstrafe wurde je nach Stand der betroffenen Person oder der strafbaren Handlung auf unterschiedliche Weisen vollzogen, aber sicher nicht eigenhändig durch den Richter. Für den Vollzug der Strafe gab es auch damals Spezialisten. Dieses Schwert der Obrigkeit hat auch keinesfalls mit dem Schwert des Krieges zu tun. Nichts weist in Römer 13 oder 1. Petrus 2 darauf hin, dass wir Christen dem Ruf des Staates, der Obrigkeit, zum Krieg folgen müssen. Im Gegenteil, die deutlichen Worte von der Feindesliebe und von der Überwindung des Bösen durch das Gute lassen diesen Schluss nicht zu. Petrus sagt, wir sind Freie, die ihre Freiheit nicht als Deckmantel für das Böse nutzen, sondern als Knechte Gottes. Wenn wir als Knechte Gottes sehen, dass der Staat falsch handelt, und kriegerische Handlungen widersprechen den neutestamentlichen Grundsätzen, dann dürfen wir ihm im Böses tun nicht folgen, diese Freiheit haben wir als Kinder Gottes. Was haben wir in unserem Land doch heute für eine komfortable Situation. Der Staat räumt uns sogar seinerseits die Freiheit ein, gibt uns das Recht, „nein" zu sagen.

Gewaltloser Widerstand gegen das Handeln der Obrigkeit durch Menschen, die Gott treu waren, zeigt sich auch immer wieder in der Geschichte Israels. Entschieden haben sich die Propheten den Königen entgegengestellt, weil sie nicht am Bösen teilhaben wollten.

Ein gewaltiges Zeugnis gegen die damalige gottlose Regierung war Jeremia: Jeremia 27,2: *So sprach der HERR zu mir: Mache dir Stricke und Jochstangen und lege sie um deinen Hals,* 28,10: *Da nahm der Prophet Hananja das Joch vom Hals des Propheten Jeremia und zerbrach es.* 28:15: *Und der Prophet Jeremia sprach zu dem Propheten Hananja: Höre doch, Hananja! Der HERR hat dich nicht gesandt, sondern du hast dieses Volk dazu gebracht, dass es auf eine Lüge vertraut.* Da steht der einsame Prophet vor dem Tempel, dass Joch als deutlich sichtbares Zeichen um seinen Hals gelegt und widerspricht seiner Obrigkeit. Hier haben wir ein starkes Zeichen für gewaltlosen Widerstand. Jeremia wird zur unübersehbaren Anklage der Sünde des Volkes, und hier insbesondere der politischen und religiösen Obrigkeit. Sein ganzes Leben ist von diesem Widerstand geprägt. Er machte nicht mit bei dem, was alle tun und was die Regierung wollte, weil Gott ihm etwas Anderes gezeigt hatte. Er zahlte den Preis. Einsamkeit, Mordanschläge, Hass in Familie und Nachbarschaft, Kerker und Hunger, Verzweiflung und tiefe Trauer nahm er auf sich und sagte ein unüberhörbares Nein, auch zu seinem König. Als alle zu den Waffen griffen, um gegen den Feind zu kämpfen, war Jeremia nicht dabei. Er hatte dem König Zedekia den letzten Ausweg genannt, die Kapitulation hätte sein Leben und den Bestand der Stadt Jerusalem gerettet, aber Zedekia lässt sich auf den aussichtslosen Kampf ein.

Auch Amos war solch ein Widerständler. Amos 7,10-16: *Da sandte Amazja, der Priester von Bethel, zu Jerobeam, dem König von Israel, und ließ ihm sagen: »Amos hat eine Verschwörung gegen dich angezettelt mitten im Haus Israel; das Land kann all seine Worte nicht ertragen! Denn Amos hat gesagt: Jerobeam wird durchs Schwert sterben, und Israel wird gewisslich aus seinem Land gefangen weggeführt werden!« Und Amazja sprach zu Amos: »Du Seher, geh, fliehe in das Land Juda und iss dort dein Brot und weissage dort! In Bethel aber sollst du nicht mehr weissagen; denn es ist ein königliches Heiligtum und eine königliche Residenz!« Amos aber antwortete und sprach zu Amazja: »Ich bin kein Prophet und kein Prophetensohn, sondern ein Viehhirte bin ich und züchte Maulbeerfeigen. Aber der HERR hat mich von den Schafen weggenommen, und der HERR hat zu mir gesagt: Geh, weissage meinem Volk Israel! Und nun höre das Wort des HERRN: ...«* Amos redet deutlich gegen die politische und religiöse Obrigkeit. Es gibt keine Untertänigkeit im Bösen, aber es gibt auch keine Gewalt gegen das Böse. Die Waffe der Propheten ist das Wort, das Wort Gottes. Sie hatten nichts anderes, und Amos achtet nicht auf die Drohungen, er flieht nicht, sondern bleibt standhaft, weil er sich im Gutes tun weiß. Wären wir Christen doch auch so mutig, dem Bösen zu widerstehen, nicht mit bösen Worten, nicht mit Hass und Gewalt, sondern mutig im Gutes tun gegen das Böse. Auch unser Herr hat uns eine Botschaft für diese Welt anvertraut. Römer 10,15: *Wie sollen sie aber verkündigen, wenn sie nicht ausgesandt werden? Wie geschrieben steht: »Wie lieblich sind die Füße derer, die Frieden verkündigen, die Gutes verkündigen!«* Epheser 6,15: *und die Füße gestiefelt mit Bereitschaft zum Zeugnis für das Evangelium des Friedens.* Natürlich dürfen wir das Evangelium nicht nur auf den Aspekt des Friedens verkürzen, aber wir dürfen diesen wichtigen Bestandteil auch nicht unterschlagen. Frieden gehört untrennbar zum Evangelium, so wie auch Buße, Gnade, Vergebung, Glaube, Rechtfertigung und manches mehr.

Ein weiteres Beispiel des Widerstands gegen obrigkeitliche Anordnungen ist der Prophet Daniel. Er war selbst Teil der Obrigkeit, diente in zwei aufeinanderfolgenden Weltreichen als höchster Minister und kannte doch die Grenzen der königlichen Macht. Daniel 6,11: *Als nun Daniel erfuhr, dass das Edikt unterschrieben war, ging er hinauf in sein Haus, wo er in seinem Obergemach offene Fenster nach Jerusalem hin hatte, und er fiel dreimal am Tag auf die Knie nieder und betete und dankte vor seinem Gott, ganz wie er es zuvor immer getan hatte.* Diese bewusste Übertretung des königlichen Gebots brachte ihn in die Löwengrube. Seine Freunde Sadrach, Mesach und Abednego hatten ebenfalls hohe Staatsämter inne, auch sie widerstanden dem Bösen. Daniel 3, 16-18: *Sadrach, Mesach und Abednego antworteten und sprachen zum König: Nebukadnezar, wir haben es nicht nötig, dir darauf ein Wort zu erwidern. Wenn es so sein soll - unser Gott, dem wir dienen, kann uns aus dem glühenden Feuerofen erretten, und er wird uns bestimmt aus deiner Hand erretten, o König! Und auch wenn es nicht so sein soll, so wisse, o König, dass wir deinen Göttern nicht dienen und auch das goldene Bild nicht anbeten werden, das du aufgestellt hast!*

Sowohl Daniel als auch seine Freunde wehrten sich nicht, kämpften nicht und ertrugen das Böse, aber sie handelten nicht nach dem Bösen, sondern konsequent nach dem Guten.

Noch zahlreiche Beispiele könnten wir anführen wie Micha, der die Ohrfeige in Kauf nahm oder Elia und Elisa, die immer wieder das Böse geißelten und das Gute anmahnten. Ich denke, es wird deutlich, dass die Bibel mit dem „der Obrigkeit untertan sein" keinen blinden Gehorsam meint, sondern im Gegenteil den Widerstand gegen das Böse erwartet, denn das ist unser Auftrag. Wir sollen in dieser Welt Gutes tun.

Reich Gottes und Reiche der Welt

Christen leben im Reich Gottes und im Reich der Welt. Was das für unser praktisches Leben bedeutet, hat zu unterschiedlichen Lehrmeinungen geführt. Wir lesen aber durchaus, dass die Bibel sich deutlich dazu äußert. Apostelgeschichte 17,7: *Und doch handeln sie (die Christen) alle gegen die Verordnungen des Kaisers, indem sie sagen, ein anderer sei König, nämlich Jesus!* Johannes 18,36: *Jesus antwortete: Mein Reich ist nicht von dieser Welt; wäre mein Reich von dieser Welt, so hätten meine Diener gekämpft, damit ich den Juden nicht ausgeliefert würde; nun aber ist mein Reich nicht von hier.* Philipper 3,20: *Unser Bürgerrecht aber ist im Himmel, von woher wir auch den Herrn Jesus Christus erwarten als den Retter.*

Wenn wir als Christen auch in dieser Welt leben, sagt Jesus seinen Jüngern doch deutlich: „Ihr seid nicht von der Welt". Den Nachfolgern Jesus in der Apostelgeschichte war absolut klar, welches Reich Priorität hatte, an erster Stelle standen die Gebote ihres Königs Jesus, wenn diese den Verordnungen des Kaisers entgegenstanden, dann galt ihr Gehorsam Jesus Christus, dem gekreuzigten und auferstandenen Herrn. Damit handelten sie in Übereinstimmung mit dem Wort Jesus. Sein Reich war nicht von dieser Welt, und somit leben seine Jünger zwar im Reich der Welt, gehören aber zum Reich Gottes. Dieses Reich ist jetzt die Heimat der Christen, dort liegt ihr Bürgerrecht und steht immer über dem Bürgertum des weltlichen Staates. Wir wechseln nicht zwischen zwei Reichen hin und her, verhalten uns einmal im Sinne des Herrn Jesus Christus und ein anderes Mal im Sinne der weltlichen Regierung. In dieser Welt sind wir nur noch Gäste: Hebräer 11,13-16: *Diese alle sind im Glauben gestorben, ohne das Verheißene empfangen zu haben, sondern sie haben es nur von ferne gesehen und waren davon überzeugt, und haben es willkommen geheißen und bekannt, dass sie Fremdlinge und Wanderer ohne Bürgerrecht sind auf Erden denn die solches sagen, geben damit zu erkennen, dass sie ein Vaterland suchen. Und hätten sie dabei jenes im Sinn gehabt, von dem sie ausgegangen waren, so hätten sie ja Gelegenheit gehabt, zurückzukehren; nun aber trachten sie nach einem besseren, nämlich einem himmlischen. Darum schämt sich Gott ihrer nicht, ihr Gott genannt zu werden; denn er hat ihnen eine Stadt bereitet.* 1.Petrus 2,11: *Geliebte, ich ermahne euch als Fremdlinge und Wanderer ohne Bürgerrecht.* Als Gäste achten wir die Gesetze, Regeln und Gebräuche unserer Gastgeber, nämlich der irdischen Heimat, niemals aber dürfen wir dabei die Gebote der himmlischen Heimat, in der wir Bürgerrecht haben, verraten. Als Botschafter unseres Herrn vertreten wir die Interessen unserer Heimat im fremden Land. Wir schulden der Obrigkeit des Reiches der Welt, in dem wir leben, Gehorsam im Gutes tun, aber niemals, wenn gegen Gottes Anordnungen verstoßen wird.

So ist es auch nicht unser Auftrag als Christen, die Welt zu verbessern, also irgendwie christlicher zu machen. Natürlich gilt das Gutes tun auch für unser Verhalten in der Welt. Wir haben einen diakonischen Auftrag, so wie Jesus es uns deutlich im Gleichnis vom barmherzigen Samariter zeigt. Wir sollen den Menschen mit dem gleichen Erbarmen und der tätigen Hilfe begegnen. In unserer Demokratie haben wir in manchen Positionen Möglichkeiten, Gutes im Sinne der Menschen zu tun oder uns daran zu beteiligen, aber niemals als weltveränderndes Handeln. So wie der Samariter weder den Priester oder den Leviten oder sonst jemanden verändern wollte, so gilt unser Auftrag, das Wesen des Herrn in die Welt zu tragen, indem wir seine Gesinnung zeigen und uns in den Dienst der Menschen stellen. Dabei geht es im Wesentlichen darum, dass Christus darin gesehen wird und selbst Menschen aus der Welt heraus in sein Reich rufen kann im Gegensatz zu Versuchen, die Welt zu verbessern damit diese sich zu Christus hin entwickelt.

Römer 14,17: *Denn das Reich Gottes ist nicht Essen und Trinken, sondern Gerechtigkeit, Friede und Freude im Heiligen Geist*. Wieder wird uns unmissverständlich gesagt, was das Wesen des Reiches Gottes ist: Frieden. Niemals dürfen wir die Gerechtigkeit, den Frieden und die Freude im Heiligen Geist dem Staat opfern. Wir können das auch nicht eine Zeitlang abschalten, weil wir mal eben in den Krieg ziehen müssen, denn wir sind nicht die Ferienwohnung des Heiligen Geistes, sondern der Tempel. Jederzeit und beständig will er uns mit Gerechtigkeit, Frieden und Freude erfüllen. Das geht nicht bei gleichzeitiger Ausübung von Gewalt. Dabei bliebe alles auf der Strecke, denn dann verbreiten wir Ungerechtigkeit, Hass und Trauer. Wenn wir Christen gegenüber dem Staat eine andere Moral zeigen als wir sonst lehren, wie können wir da glaubwürdig sein? Zu Recht würden wir für unsere Doppelmoral kritisiert, zu Recht würde man uns vorwerfen, den eigenen Glauben nicht konsequent zu leben.

Die Lehre von den zwei Reichen, von wem auch immer in welcher Form gelehrt, kann und darf nie bedeuten, dass es Zeiten und Situationen in unserem Leben gibt, in denen die Gaben und Forderungen Gottes an uns die Gültigkeit verlieren würden. Unmöglich kann es richtig sein, in einem Moment das Schwert einzusetzen, weil ich der weltlichen Obrigkeit diene und später im Gottesdienst den wunderbaren Frieden Gottes zu besingen, weil ich dann im Reich Gottes bin. Wir wollen keine Vermischung von Staat und Kirche, da gilt es genau zu trennen, aber wir müssen wissen, wohin wir gehören, einzig und vollständig, jederzeit und in Ewigkeit unserem Herrn Jesus Christus.

Wir wechseln nicht zwischen zwei Reichen, die unterschiedliche, ja widersprüchliche Erwartungen an uns stellen hin und her. Wir leben nicht eine Zeit im Fleisch und eine andere Zeit im Geist. Nein, der Geist herrscht über das Fleisch, immer und überall. Das Gebot der Gottes- und Nächstenliebe ist die Erfüllung des Gesetzes, das uns so im Neuen Testament gelehrt wird. Wir achten nicht ängstlich auf 1000 Regeln und Gebote, denn Jesus selbst füllt uns mit seiner Liebe und ermöglicht es uns, in dieser Liebe zu leben. Wir wollen und können das nicht aufgeben, und folgen so dem Wort Gottes, wenn wir dem Ruf der Obrigkeit zum Kriegsdienst widerstehen.

Gewalt als staatliche Option

Wir haben schon gesehen, dass dem Staat das Recht und die Pflicht übertragen wird, das Gute zu belohnen und das Böse zu bestrafen. In diesen Fragen handelt die Obrigkeit oft unabhängig von Gott, nach selbstgegebenen und immer veränderbaren Regeln. Aber jede Obrigkeit ist von Gott eingesetzt und somit auch Gott verantwortlich. Wenn der Staat gegen die Gebote Gottes handelt, tut er selbst das Böse und steht unter der Erwartung göttlicher Strafe. Leider ist das den Obrigkeiten selten bewusst, aber sie müssen ihr Handeln vor Gott rechtfertigen können.

Wehe denen, die Menschen, oft ohne Rücksicht auf Frauen und Kinder mit Gewalt, Krieg und Tod, mit unendlichem Leid und Verwüstung überziehen. Es gibt keinen gerechten Krieg, Gewalt gebiert immer neue Gewalt, nur das Gute kann das Böse überwinden, das ist unsere Botschaft.

Nun muss und darf der Staat durchaus Gewalt anwenden, um das Böse zu bestrafen. Der Staat hat das Recht, ja die Pflicht, seine Bürger vor dem Bösen zu schützen. Wir haben in Deutschland eine Polizei, die genau umrissene Aufgaben und Mittel zur Verfügung hat, um diesem Auftrag gerecht zu werden. In unserem Staat ist der Gebrauch von Gewalt durch die Polizei umfassend geregelt, so dass Willkür und unangemessene Gewalt nicht nur verboten sind, sondern auch verfolgt werden. Wenn in solchen Fällen versucht wird zu vertuschen und nicht immer korrekt gehandelt wird, ändert das nicht die Grundsätze. Folter ist verboten, körperliche Gewalt darf nur in dem Maße eingesetzt werden, wie es zur Überwältigung von Tätern notwendig ist, der Waffengebrauch ist so geregelt, dass auch das Leben von Tätern weitestmöglich geschützt wird. Meiner Meinung nach kann ein Christ in unserem Rechtssystem durchaus als Polizist dem Staat und den Bürgern dienen, weil die Gewalt hier ausschließlich mit dem Ziel eingesetzt wird, Gewalttaten, also das Böse zu verhindern. Wenn es auch eng begrenzte Ausnahmen sind, mit der Einschränkung, dass ein Scharfschütze in einem SEK potenziell töten lernt und dieser sehr spezielle Bereich für Christen nicht in Frage kommt.

Wenn das Leben der Täter geschont wird, ist es doch durchaus gut, sie an der weiteren Ausübung des Bösen zu hindern. Das ist sowohl für die Opfer als auch für die Täter das Beste. Was kann besser sein, als jedem Menschen, gerade auch den Gesetzlosen und Verbrechern die Möglichkeit zu geben, umzukehren und ihr Leben zu ändern? Wenn uns in Römer 13 gesagt wird, dass die Obrigkeit das Böse straft, geht es wohl genau um den Schutz der Opfer und die Läuterung der Täter. Wir Menschen lernen oft nur aus bitteren Konsequenzen unser Verhalten zu ändern. Ich sehe keinen Grund, der Christen die Beteiligung unter diesen Bedingungen verwehren würde.

In anderen Staaten und zu anderen Zeiten muss man andere Antworten geben. Wenn die Polizei Unschuldige verfolgt, Gute bestraft, weil sie sich dem Bösen der Obrigkeit entgegenstellen, wenn Polizisten das Recht eingeräumt wird, mit unangemessener Härte und unkontrolliertem Waffengebrauch gegen Täter, möglicherweise sogar unschuldige Menschen vorzugehen, kann ein Christ hier sicher nicht als Polizist der Obrigkeit dienen. Unsere eigene Geschichte kennt in Deutschland solche Zeiten während der nationalsozialistischen Diktatur und der kommunistischen Herrschaft in der DDR. Auch heute gibt es totalitäre Staaten, die der Polizei unangemessene Methoden der Gewalt einräumen oder durchgehen lassen. So muss in Fragen der Beteiligung von Christen an der zivilen Ordnungsmacht der Einzelfall geprüft und die Bedingungen beurteilt werden.

Ist auch der Krieg eine staatliche Gewaltoption? Ich denke nicht. Es gibt keinen gerechten Krieg, mit dieser mittelalterlichen Vorstellung müssen wir endlich abschließen. Üblicherweise glaubt sich jede Seite im Recht, jeder hat eine andere Vorstellung von Gerechtigkeit und denkt, im Sinne seiner Bevölkerung das Richtige zu tun. Aber Gewalt gebiert immer neue Gewalt. Im Krieg gibt es nicht die Möglichkeit, das Böse zu stoppen, ohne Unschuldigen und Unbeteiligten zu schaden. Die Bestrafung des Bösen nach Römer 13 bietet keine zwischenstaatliche Option, hier geht es um den Auftrag der Obrigkeit in Bezug auf die eigene Bevölkerung. Die Belohnung des Guten hat ja auch keine zwischenstaatliche Dimension.

Wenn ein Land angegriffen wird, wenn feindliche Soldaten einmarschieren, wird der Staat seine Armee zur Verteidigung aufrufen. Die Erfahrung zeigt aber, dass eine Verteidigung mit Waffen kaum Erfolg haben kann. Der Feind wird seine Waffen mit rücksichtsloser Härte einsetzen, weil die Verluste die Bürger des angegriffenen Landes betreffen. Der Verteidiger aber darf seine eigenen Bürger nicht in Gefahr bringen und kann also nur sehr vorsichtig agieren.

Wenn uns die Berichte aus Syrien heute ein anderes Bild zeigen, ist das eine Ausnahme, die den Krieg übrigens auch nicht beendet. Grundsätzlich gilt, wenn die Obrigkeit noch irgendwie im Sinne der eigenen Bevölkerung handelt, wird sie Gewalt nur sehr vorsichtig und gezielt einsetzen können. Damit sind die Erfolgsaussichten ungleichmäßig verteilt. Sollten die Verteidiger doch im Kampf gegen den Angreifer einen Erfolg erzielen, wird das den Angreifer nur dazu bewegen, mit noch mehr Gewalt und Waffen zu reagieren. Den Preis muss also die eigene Bevölkerung bezahlen. So muss der Krieg in den Staat des Angreifers getragen werden, mit der Konsequenz der Tötung der unschuldigen Zivilbevölkerung. Auch im weltlichen Urteil muss die Sinnhaftigkeit von Kriegen, auch von Verteidigungskriegen unbedingt in Frage gestellt werden. Wird ein Staat von Feinden besetzt, kann gewaltloser Widerstand und ziviler Ungehorsam möglicherweise viel mehr erreichen, als die Verteidigung mit Waffengewalt. Noch dramatischer wird die Beurteilung der Lage in Bürgerkriegen. Es ist doch kaum zu entscheiden, wer der Gute und wer der Böse ist. Manche scheinbar bessere Alternative entpuppt sich später als noch größere Katastrophe.

Eines ist jedenfalls sicher, auch im Verteidigungsfall muss der Soldat töten. Er tötet nicht nur die angreifenden feindlichen Soldaten, sondern auch Unschuldige. Im Zeitalter von unvor-

stellbar zerstörerischen Massenvernichtungs-
waffen gibt es keine Schonung mehr. Der tö-
tende Soldat steuert aus dem bequemen Büro-
sessel seine Tod und Vernichtung bringende
Drohne. Die atomare Langstreckenrakete löscht
eine weit entfernte Großstadt aus. Wer sich am
Krieg beteiligte, nahm immer in Kauf, Menschen
zu töten. Niemals konnte ausgeschlossen werden, dass durch die Hand des Soldaten auch
Unschuldige, auch Glaubensgeschwister zu
Tode kamen.

Die Kriege und Bürgerkriege unserer Zeit zeigen deutlich, dass auch jede noch so gut ge-
meinte militärische Einmischung nur zu neuen
Auseinandersetzungen, zu weiteren Toten, zu
fortgesetztem Elend der Bevölkerung führten.
Oft wurde die eine Gruppe befreit, die dann
gleich die andere unterdrückte. Nein, Gewalt
schafft keinen Frieden. Auch wenn es nach
menschlichen Maßstäben so scheint, mit irdischen Mitteln erreichen wir keine himmlischen
Ziele. Niemals werden wir Frieden mit Gewalt
schaffen, und so ist die Geschichte der Menschheit eine Geschichte immer neuer Kriege. Die
letzten gut 70 Jahre in Westeuropa sollen uns
da nicht täuschen. Die Bibel sagt uns, dass im
Fortschreiten der Zeit am Ende der Tage Kriege
und Kriegsgerüchte zunehmen werden. Wir
Christen wissen, wir können das Fortschreiten
des Bösen nicht aufhalten. Eine Welt die meint,
sie könnte Frieden und Sicherheit schaffen, irrt.

Aber die Nachfolger Jesu haben Frieden und Sicherheit. Das ist unsere Botschaft an die Welt: Christus hat Frieden gemacht. Deshalb wollen und müssen wir der Beteiligung an jedem Krieg entsagen, wie sonst soll unsere Botschaft glaubwürdig sein? Wir verkündigen nicht den Frieden der Welt, aber wir verkündigen den Frieden auf Erden, da wo Reich Gottes ist, da, wo Jesus als Herr und Haupt seiner Gemeinde regiert, da, wo wir vom Heiligen Geist erfüllt seine Frucht wachsen sehen.

Wir sollen das Böse mit dem Guten überwinden, das gilt auch im Verteidigungsfall. Es ist niemals gut zu töten, deshalb ist jeder Staat in seiner Verantwortung vor Gott gut beraten, auch bei feindlichen Angriffen zu fragen, was gut im Sinne Gottes ist. In der Regel wird er das nicht tun, umso mehr sind wir Christen gefragt, am Guten fest zu halten.

Selbstverteidigung und Verteidigung der Familie

Apostelgeschichte 8,1: *Und an jenem Tag erhob sich eine große Verfolgung gegen die Gemeinde in Jerusalem, und alle zerstreuten sich in die Gebiete von Judäa und Samaria, ausgenommen die Apostel.*

Die verfolgten Christen haben sich nicht verteidigt, sie sind geflohen. Sie haben sich versteckt und andere Orte aufgesucht, aber niemals haben sie Gewalt geübt. Die Märtyrer haben sich nicht verteidigt, auch Frauen und Kinder haben sie nicht verteidigt und bis heute gehen verfolgte Christen in den Tod, wenn sie ihren Verfolgern nicht entkommen können. Welch eine Kraft geht von dem Vorbild der Blutzeugen aus, von Menschen die so von ihrem Herrn Jesus Christus ergriffen und überzeugt, sind, dass sie lieber in den Tod gehen als ihn zu verraten, ja dass sie auch den Tod der Familie in Kauf nehmen, weil sie Christus nicht verleugnen wollen, auch nicht indem sie zur Waffe greifen und sich gewaltsam verteidigen.

Sollten im Kriegsfall andere Regeln gelten? Ist die Verteidigung einer gesellschaftlich-politischen Ordnung etwa wichtiger? Wenn hier behauptet wird, dieser Vergleich sei unzulässig, muss ich entschieden widersprechen. Ich habe mich immer und überall als Nachfolger Jesus Christus zu verhalten, ich habe immer und überall nach seinen Geboten zu leben. Das Gebot der Feindesliebe gilt nicht nur für den Märtyrer, sondern auch für den Christen als Bürger seines Staates. Nein, die Selbstverteidigung oder die Verteidigung der Familie auf Kosten des Lebens anderer entspricht nicht der Natur von Jüngern Jesus.

An dieser Stelle wird mir wohl die Frage gestellt, wie ich reagieren würde, wenn meine Familie angegriffen wird, wenn etwa jemand meine Frau oder meine Tochter vergewaltigen will oder ihr Leben bedroht. Diese Art der Fragen ist mir noch aus der Verhandlung zur Gewissensprüfung als Kriegsdienstverweigerer bekannt. Wenn ich von einem Kriegsfall ausgehe, wird der Angreifer bewaffnet sein, ich werde also kaum die Möglichkeit haben, ihn zu hindern oder ihm zu schaden. Sollte es, obwohl kaum vorstellbar, mir gelingen ihn zu töten, so wäre doch die sichere Folge, dass seine Kameraden kommen und seinen Tod umso grausamer rächen werden.

Sollte es sich um Verbrecher in Friedenszeiten handeln, muss ich die Situation einschätzen und die Möglichkeiten prüfen. Ich wäre bereit, Gewalt anzuwenden, um einen Angreifer unschädlich zu machen, der das Leben oder die körperliche Unversehrtheit anderer bedroht. Das schließt neben der Familie auch Fremde ein, denn wenn es richtig ist, mit Gewaltanwendung zu helfen, kann ich das nicht nur auf mir nahestehende Menschen begrenzen, dann muss ich vom barmherzigen Samariter lernen. Da ich nicht über tödliche Waffen verfüge, sind die Möglichkeiten zu tödlicher Gewalt beschränkt, ich würde aber auch niemals auf Kosten des Lebens eines Angreifers eingreifen. Du sollst nicht töten, das gilt mir immer und überall, im Zweifel ist Unrecht leiden seliger als Unrecht tun.

Diese Vorstellungen sind sehr theoretisch, aber es ist durchaus berechtigt, solche Fragen zu stellen und darüber nachzudenken. Wie ich im konkreten Fall handeln würde, kann ich versuchen mir vorzunehmen, aber was wirklich geschehen würde, kann ich im Letzten nicht beantworten. Ob ich feige fliehen würde, ob ich bereit wäre zu töten um mich oder andere zu schützen, wer könnte das abschließend beantworten? Ich kann mir nur vornehmen das Richtige zu tun. Ja, ich wäre bereit, zum Selbstschutz und zum Schutz anderer, die angegriffen werden, Gewalt anzuwenden, um Schaden abzuwehren, denn das bedeutet ja gerade auch, dass ich den Angreifer daran hindere, eine böse Tat auszuüben. So kann er sich vielleicht während der Verbüßung einer Strafe bessern, vor allem aber gebe ich ihm noch die Möglichkeit, Jesus zu finden, Vergebung seiner Schuld zu erfahren und ein neues Leben zu beginnen. Insofern könnte Gewalt hier sogar Gutes bewirken. Niemals aber würde ich in Kauf nehmen, den Angreifer zu töten, denn dann ist jede Möglichkeit zur Umkehr vertan. Dieses Recht, das Leben zu nehmen, steht ausschließlich Gott zu. Wenn ich den Angriff nicht abwehren kann, ohne zu töten, dann lasse ich es in dem Wissen geschehen, dass Gott jedes Mittel hat, das Böse zu verhindern. So muss ich es dann in seine Hand legen und seinen Willen geschehen lassen. Vielleicht kann ich mich schützend vor meine Familie oder auch vor den Fremden stellen und mein Leben einsetzen. Ob ich den Mut habe? Nein, den müsste unser Herr mir in genau diesem Augenblick schenken. 1. Johannes 3,16: *Daran haben wir die Liebe erkannt, dass Er sein Leben für uns hingegeben hat; auch wir*

sind es schuldig, für die Brüder das Leben hinzu-
geben.

Die Frage nach der Todesstrafe

1. Mose 9,6: *Wer Menschenblut vergießt, dessen Blut soll auch durch Menschen vergossen werden; denn im Bild Gottes hat Er den Menschen gemacht.* Mit diesem Vers begründen manche Christen ihre positive Haltung zur Todesstrafe. Wir wollen uns aber etwas gründlicher mit dieser Frage auseinandersetzen, und dafür ist es erforderlich, die eigene Haltung nicht nur auf einen einzelnen Vers zu beziehen, sondern einmal genauer zu prüfen, wie die Bibel mit diesem Thema umgeht. Der erste Mensch, der Menschenblut vergossen hat war schon gleich der erste von einer Frau Geborene, Kain, der Brudermörder. Nach Gottes Grundsatz hätte Kains Blut durch Menschen vergossen werden müssen. Diesen Grundsatz hat Gott einige hundert Jahre später gegenüber Noah formuliert, aber in der Geschichte Kains wird deutlich, dass es für ihn selbst sofort klar war, den Tod verdient zu haben. Auch wenn wir diese Anweisung erst bei Noah lesen, war sie zur Zeit der ersten Menschen nicht unbekannt. Gott ist der ewig Selbe, der Unveränderliche, seine Grundsätze gelten immer. Beachtlicher Weise ist es Gott selbst, der Kain schützt, der ein Zeichen an seine Stirn

macht und festlegt, dass jeder, der Kain totschlägt, sich siebenfache Rache zuzieht. Gott schützt den Mörder vor der gerechten Strafe. Hier muss uns schon klarwerden, dass es mit 1. Mose 9,6 keine einfache Antwort auf die Frage der Todesstrafe gibt.

Im Alten Testament finden wir viele Beispiele, dass Menschen für ihre Verfehlungen mit dem Tod bestraft werden. Sodom und Gomorrha wurden mit Feuer vom Himmel verbrannt. Die Kanaaniter sollten vernichtet werden. Nach dem zügellosen Sündigen Israels wegen der Götzenverehrung des goldenen Kalbes in der Wüste töteten die Leviten auf direkte Anweisung Gottes 3000 Mann. Korah und die an seinem Aufstand Beteiligten wurden von der Erde verschlungen. Die von Gott gesandten Schlangen töteten durch ihren giftigen Biss viele Israeliten. Der Mann der am Sabbattag Holz auflas wurde auf Anweisung Gottes gesteinigt. Nach der Einnahme Jerichos wurde Achan mit seiner Familie auf Anweisung Gottes getötet, weil er von dem Verbannten genommen hatte, um sich zu bereichern. Im Neuen Testament finden wir mit Ananias und Saphira eine Parallele. Bei Achan war es der Beginn des Einzugs ins verheißene Land, bei Ananias und Saphira der Beginn der Zeit der Gemeinde. Wenn wir die Einzelheiten dieser und noch manche vergleichbaren Ereignisse prüfen, stellen wir fest, dass Gott das Gericht entweder selbst vollzog oder dass es auf seine ausdrückliche Anweisung geschah.

Das Gesetz Moses gibt klare Anordnungen für die Todesstrafe. Nicht nur Mörder, auch Ehebrecher und manche anderen Sünder sollten gesteinigt werden. Bedenke, dass der Tod durch Steinigung auch ungehorsamen Kindern drohte. Würden wir Moses Gesetz heute konsequent anwenden, wir müssten ständig steinigen.

Nach welchem Verfahren die Todesstrafe durch ein menschliches Gericht verhängt und vollzogen werden sollte, war auch im Gesetz geregelt. 5. Mose 17, 6-7: *Wer des Todes schuldig ist, soll auf die Aussage von zwei oder drei Zeugen hin getötet werden. Aber auf die Aussage eines einzigen Zeugen hin soll er nicht getötet werden. Die Hand der Zeugen soll sich als erste gegen ihn erheben, um ihn zu töten, danach die Hand des ganzen Volkes! So sollst du das Böse aus deiner Mitte ausrotten.* Der Ablauf eines Gerichtsverfahrens besagte, das mindestens zwei Zeugen das todeswürdige Verbrechen bezeugen und damit auch anklagen mussten. Verhängte der Richter die Todesstrafe, mussten die Zeugen selbst mit der Steinigung beginnen. Das setzte unbedingt ihre eigene Unschuld voraus.

Sehen wir uns das Beispiel eines des Todes Schuldigen an. David hatte die Ehe gebrochen und Uria, den Ehemann der Frau, mit der er geschlafen hatte ermorden lassen. Er hatte damit zwei Verbrechen begangen, auf die das Todesurteil stand. Der Prophet Nathan kommt zu ihm und erzählt ihm von einem reichen Mann, der

Besuch bekam und diesem eine Mahlzeit anbieten wollte. Er war aber zu geizig, eines von seinen zahlreichen Schafen zu schlachten. Er hatte einen Nachbarn, einen armen Mann der nur ein einziges Schaf hatte, das in seinem Haus lebte und alles war, was er besaß. Der reiche Mann nahm nun einfach dem Armen das geliebte Schaf weg um es für seine Gäste zu schlachten. Als David das gehört hatte, stand sein Urteil fest. 2. Samuel 12,5-7: *Da entbrannte der Zorn Davids sehr gegen den Mann, und er sprach zu Nathan: So wahr der HERR lebt; der Mann, der dies getan hat, ist ein Kind des Todes! Dazu soll er das Lamm vierfältig bezahlen, weil er dies getan und kein Erbarmen geübt hat! Da sprach Nathan zu David: Du bist der Mann!* David sprach sich selbst das Todesurteil aus, aber es wurde nicht vollzogen. Wer die Geschichte des Alten Testaments liest, wird häufig feststellen, dass Menschen nicht gesteinigt wurden, obwohl sie zum Tode gesündigt hatten.

Nur einmal finden wir in den biblischen Berichten ein Gerichtsverfahren gemäß der Vorschrift nach aus dem 5. Buch Mose, das mit dem Todesurteil endete, welches dann auch vollzogen wurde. Ein einziges Todesurteil in einer Geschichte von vielen Jahrhunderten - und dieses Urteil war falsch. Es traf den unschuldigen Nabot, der sich geweigert hatte, seinen Weinberg an den König Ahab zu verkaufen. Ahab hatte deswegen sehr schlechte Laune, so dass seine Frau Isebel ihm versicherte, sich darum zu kümmern, dass er den Weinberg bekäme und dort seinen Gemüsegarten anlegen könne. Sie bezahlte zwei unehrenhafte Männer, die bereit waren, Nabot fälschlicherweise der Lästerung Gottes und des Königs zu beschuldigen.

Kann es sein, dass Gott mit der drohenden Todesstrafe anderes im Sinn hatte als den Schuldigen auf diese Weise zu bestrafen? Ich denke, gerade am Beispiel Davids wird deutlich, worum es geht. David erkennt, dass er den Tod verdient hat, dass es für ihn kein Entrinnen gibt, er kann sich nicht befreien, er ist ja schuldig. Er hat nichts als den Tod verdient. Wir wunderbar erlebt er, der Todgeweihte Gottes Gnade, Barmherzigkeit und Vergebung. Psalm 32,1-5: *Wohl dem, dessen Übertretung vergeben, dessen Sünde zugedeckt ist! Wohl dem Menschen, dem der HERR keine Schuld anrechnet, und in dessen Geist keine Falschheit ist! Als ich es verschwieg, da verfielen meine Gebeine durch mein Gestöhn den ganzen Tag. Denn deine Hand lag schwer auf mir Tag und Nacht, so dass mein Saft vertrocknete, wie es im Sommer dürr wird. Da bekannte ich dir meine Sünde und verbarg meine Schuld nicht; ich sprach: »Ich will dem HERRN meine Übertretungen bekennen!« Da vergabst du mir meine Sündenschuld.*

Psalm 51: *Dem Vorsänger. Ein Psalm Davids. Als der Prophet Nathan zu ihm kam, weil er zu*

Bathseba eingegangen war: O Gott, sei mir gnädig nach deiner Güte; tilge meine Übertretungen nach deiner großen Barmherzigkeit! Wasche mich völlig [rein] von meiner Schuld und reinige mich von meiner Sünde; denn ich erkenne meine Übertretungen, und meine Sünde ist allezeit vor mir. An dir allein habe ich gesündigt und getan, was böse ist in deinen Augen, damit du recht behältst, wenn du redest, und rein dastehst, wenn du richtest. Siehe, in Schuld bin ich geboren, und in Sünde hat mich meine Mutter empfangen. Siehe, du verlangst nach Wahrheit im Innersten: so lass mich im Verborgenen Weisheit erkennen! Entsündige mich mit Ysop, so werde ich rein; wasche mich, so werde ich weißer als Schnee! Lass mich Freude und Wonne hören, damit die Gebeine frohlocken, die du zerschlagen hast. Verbirg dein Angesicht vor meinen Sünden und tilge alle meine Missetaten! Erschaffe mir, o Gott, ein reines Herz, und gib mir von neuem einen festen Geist in meinem Innern! Verwirf mich nicht von deinem Angesicht, und nimm deinen heiligen Geist nicht von mir. Gib mir wieder die Freude an deinem Heil, und stärke mich mit einem willigen Geist! Ich will die Abtrünnigen deine Wege lehren, dass sich die Sünder zu dir bekehren. Errette mich von Blutschuld, o Gott, du Gott meines Heils, so wird meine Zunge deine Gerechtigkeit jubelnd rühmen. Herr, tue meine Lippen auf, damit mein Mund dein Lob verkündige! Denn an Schlachtopfern hast du kein Wohlgefallen, sonst wollte ich sie dir geben; Brandopfer gefallen dir *nicht. Die Opfer, die Gott gefallen, sind ein zerbrochener Geist; Ein zerbrochenes und zerschlagenes Herz, wirst du, o Gott, nicht verachten. Tue wohl an Zion nach deiner Gnade, baue die Mauern Jerusalems! Dann wirst du Gefallen haben an Opfern der Gerechtigkeit, an Brandopfern und Ganzopfern; dann wird man Stiere darbringen auf deinem Altar!*

Ich denke, die Bibel zeigt uns sehr deutlich den Sinn der Todesstrafe: Wir Menschen sollen erkennen, dass wir rettungslos verloren sind, dass wir den Tod verdient haben, weil wir Gottes Gebote übertreten. Gleichzeitig möchte uns der barmherzige Gott seine Gnade anbieten. Wir dürfen erfahren: Er vergibt, er vollzieht nicht die Strafe und spricht den bußfertigen, demütigen, seine Schuld bekennenden Sünder frei. Die Folgen der Sünde nimmt Gott dann nicht immer weg, die musste auch David bitter tragen. Seine Familiengeschichte ist geprägt von Streit, Hass, Tod und bitteren Enttäuschungen.

Wenn die Gelegenheit zu Umkehr und Buße vertan ist, wenn ein Mensch das Angebot zur Umkehr und Vergebung beständig ausschlägt, finden wir als Konsequenz, dass Gott richtet, auch durch den leiblichen Tod. Der Gemeinde in Korinth wird mitgeteilt, dass einige gestorben waren, weil sie gegen den Willen Gottes gehandelt hatten. Aber es ist immer Gott selbst, der das Leben nimmt.

Jesus wurde ebenfalls mit der Frage nach der Todesstrafe konfrontiert, und ich denke, dass es sehr aufschlussreich ist zu sehen, wie er sich dieser Frage stellte. Johannes 8,2-11: *Und früh am Morgen kam er wieder in den Tempel, und alles Volk kam zu ihm; und er setzte sich und lehrte sie. Da brachten die Schriftgelehrten und Pharisäer eine Frau zu ihm, die beim Ehebruch ergriffen worden war, stellten sie in die Mitte und sprachen zu ihm: Meister, diese Frau ist während der Tat beim Ehebruch ergriffen worden. Im Gesetz aber hat uns Mose geboten, dass solche gesteinigt werden sollen. Was sagst nun du? Das sagten sie aber, um ihn zu versuchen, damit sie ihn anklagen könnten. Jesus aber bückte sich nieder und schrieb mit dem Finger auf die Erde. Als sie nun fortfuhren, ihn zu fragen, richtete er sich auf und sprach zu ihnen: Wer unter euch ohne Sünde ist, der werfe den ersten Stein auf sie! Und er bückte sich wiederum nieder und schrieb auf die Erde. Als sie aber das hörten, gingen sie - von ihrem Gewissen überführt - einer nach dem anderen hinaus, angefangen von den Ältesten bis zu den Geringsten; und Jesus wurde allein gelassen, und die Frau, die in der Mitte stand. Da richtete sich Jesus auf, und da er niemand sah als die Frau, sprach er zu ihr: Frau, wo sind jene, deine Ankläger? Hat dich niemand verurteilt? Sie sprach: Niemand, Herr! Jesus sprach zu ihr: So verurteile ich dich auch nicht. Geh hin und sündige nicht mehr!*

Die Pharisäer stellten Christus eine gefährliche Falle. Sie waren überzeugt, dass er nur zwei Möglichkeiten hatte, mit dieser Anklage umzugehen. Entweder spricht er die Frau von der Todesstrafe frei, damit stellte er sich gegen das mosaische Gesetz. Dann hätten sie den Beweis seiner Untreue, denn so könnten sie ihn öffentlich als Gesetzesbrecher anklagen. Jesus hat aber niemals das mosaische Gesetz gebrochen. Wenn die Pharisäer ihm Gesetzesbruch vorwarfen, ging es immer um die Mischna, Regeln und Auslegungen, die Rabbis in Jahrhunderten den Geboten hinzugefügt hatten. Das Gesetz Moses hat Christus aber vollkommen erfüllt.

Die andere Antwortmöglichkeit war, die Frau schuldig zu sprechen und steinigen zu lassen, dann hätte Jesus seinen Ruf als Helfer und Wohltäter, als Mann Gottes bei der Masse des Volkes endgültig verspielt. So kalkulierten die Pharisäer. Gehen wir nicht näher auf die Merkwürdigkeiten dieser Geschichte ein, etwa bezüglich der Frage nach dem Mann. Auf frischer Tat im Ehebruch ertappt, das kann unmöglich die Frau alleine gewesen sein. Nach dem Gesetz hätten beide angeklagt werden müssen. Mose kennt hier keine bevorzugte Behandlung von Männern. War vielleicht einer der Ankläger der Täter, um die Falle zu stellen?

Nun, den Herrn Jesus Christus interessierte das nicht. Er schrieb mit dem Finger auf die Erde. Er fragte nicht nach, äußerte keine Verwunderung über dieses merkwürdige Verfahren, sondern war scheinbar unbeteiligt. Hätten die Juden doch nur dieses Zeichen verstanden. Dieser Finger, der hier in den Straßenstaub schreibt, genau dieser Finger hat es vor 1500 Jahren in den Stein gebrannt, damals am Sinai: „Du sollst nicht ehebrechen". Dieser Finger schrieb die zehn Gebote auf die Gesetzestafeln. 2.Mose 32,15-16: *Mose aber wandte sich um und stieg vom Berg hinab, die zwei Tafeln des Zeugnisses in seiner Hand; diese waren auf beiden Seiten beschrieben, vorn und hinten waren sie beschrieben. Und die Tafeln waren das Werk Gottes, und die Schrift war die Schrift Gottes, eingegraben in die Tafeln.* Die Frau und die Ankläger stehen hier vor dem Gesetzgeber, vor dem, der auch ihre Sünden und Übertretungen kennt, der weiß, dass sie alle schuldig sind. So konnte er den Unschuldigen auffordern, den ersten Stein zu werfen und veranlasste die schuldigen Ankläger, mit schlechtem Gewissen fortzuschleichen. Wieder blickte er auf und sah die Frau an, die Ehebrecherin, die den Tod verdient hatte. Der Sohn Gottes, der jedes Recht dazu hätte, verurteilte sie nicht. Sündige nicht mehr, gab er ihr mit und entließ sie.

Hier wird ganz deutlich, dass Jesus die Todesstrafe ablehnt. Nicht, weil er seinem eigenen Wort nicht folgen will, sondern weil er es erfüllt hat. Er hat das Gesetz erfüllt, das bedeutet auch, er hat die Strafe für die Übertretungen getragen. Ihm gebührt nicht nur das Lob für seine eigene vollkommene Gesetzestreue. Ihm gebührt das Lob, weil er für uns, für die gefallene Menschheit, für die schuldige Ehebrecherin die Strafe getragen hat. Er stirbt ihren Tod. Er stirbt meinen Tod. Das Gesetz kann die Ehebrecherin doch nur aus einem einzigen Grund nicht mehr verklagen: Jesus Christus hat die Strafe getragen, er ist ihren Tod gestorben, sie steht unschuldig da vor dem Gesetz, weil Christus die Schuld auf sich genommen hat. Die Todesstrafe war Teil des Gesetzes, auch diesen Teil erfüllte Christus am Kreuz auf Golgatha.

Ist das nicht die Grundlage unseres Glaubens als Nachfolger Jesus Christus, dass er, der reine und unschuldige Sohn Gottes gestorben ist für die Sünde der Welt? Wir gedenken dessen und verkündigen es jedes Mal, wenn wir das Abendmahl feiern, dass der Gerechte für die Ungerechten starb. Die Strafe zu unserem Frieden lag auf ihm. Er will, dass niemand verloren geht und dass alle zur Erkenntnis der Wahrheit kommen. Er starb auch für den Ärgsten aller Sünder und es kann nicht die Forderung der Christen sein, einem Menschen die Chance der Umkehr zu nehmen. Wir dürfen es nicht gutheißen, dass Sünder hingerichtet werden und die Wahrheit nicht mehr erkennen können. Überlassen wir es doch Gott, dem Schöpfer aller Dinge, dem Schöpfer jedes Menschen, den Zeitpunkt des Lebensendes festzusetzen und damit zu bestimmen, wer die letzte Chance vertan hat. Der ewige Tod ist die Strafe für jede auf Erden begangene

Tat. Akzeptieren wir doch, dass unser Herr Jesus Christus jedem Menschen sagt: Ich habe deine Strafe getragen, ich bin deinen Tod gestorben, ich habe am Kreuz mein heiliges Blut vergossen, damit du rein und gerecht werden kannst, so als hättest du nie etwas Böses getan. Leben wir nicht alle von dieser grenzenlosen, vergebenden Gnade? Wer will dem Herrn ins Handwerk pfuschen und ihm die Möglichkeit nehmen, einem Menschen noch einmal seine Liebe zu offenbaren und ihn für den Himmel zu gewinnen? Hesekiel 18,23: *Oder habe ich etwa Gefallen am Tod des Gottlosen, spricht GOTT, der Herr, und nicht vielmehr daran, dass er sich von seinen Wegen bekehrt und lebt?*

Strafe muss sein, sagt man, der Staat kann und muss das Böse strafen, aber wir sollten niemandem die Möglichkeit zur Umkehr mutwillig nehmen. Mancher wird bis zum Ende seines Lebens inhaftiert sein, und gerade dort, im Gefängnis, hat schon manchmal das Leben neu begonnen.

Biblische Friedensethik

Die Bibel kennt nur eine Ethik, die für alle Lebensbereiche gilt. Jahrhundertelang lebten Kirchen und Gemeinden in dem Irrtum, es gäbe eine Ethik für das persönlich-private Leben in Familie, Gemeinde und sozialem Umfeld und eine andere Ethik für den gesellschaftlich-politischen Bereich, wobei sich die beiden in entscheidenden Punkten widersprechen. Ich hoffe, der Blick in Gottes Wort zu dieser Frage hat uns gezeigt, dass es nur eine christliche Ethik geben kann. Hier Frieden, da Krieg, das ist unmöglich. Der Wille unseres Herrn Jesus Christus für unser Leben in seiner Nachfolge gilt immer und überall auf gleiche Weise. Die Anweisungen Jesus sind eindeutig. Matthäus 5, 38-48: *Ihr habt gehört, dass gesagt ist: »Auge um Auge und Zahn um Zahn!« Ich aber sage euch: Ihr sollt dem Bösen nicht widerstehen; sondern wenn dich jemand auf deine rechte Backe schlägt, so biete ihm auch die andere dar; und dem, der mit dir vor Gericht gehen und dein Hemd nehmen will, dem lass auch den Mantel; und wenn dich jemand nötigt, eine Meile weit zu gehen, so geh mit ihm zwei. Gib dem, der dich bittet, und wende dich nicht ab von dem, der von dir borgen will! Ihr habt gehört, dass gesagt ist: Du sollst deinen Nächsten lieben und deinen Feind hassen. Ich aber sage euch: Liebt eure Feinde, segnet, die euch fluchen, tut wohl denen, die euch hassen, und bittet für die, welche euch beleidigen und verfolgen, damit ihr Söhne eures Vaters im Himmel seid. Denn er lässt seine Sonne aufgehen über Böse und Gute und lässt es regnen über Gerechte und Ungerechte. Denn wenn ihr die liebt, die euch lieben, was habt ihr für einen Lohn? Tun nicht auch die Zöllner dasselbe? Und wenn ihr nur eure Brüder grüßt, was tut ihr Besonderes? Machen es nicht auch die Zöllner ebenso? Darum sollt ihr vollkommen sein, gleichwie euer Vater im Himmel vollkommen ist!*

Jesus lässt uns keinen Raum für den Krieg. Wer die Worte des Herrn Jesus Christus ernst nimmt, kann angesichts dieser Aussagen die Beteiligung von Christen an Kriegen unmöglich rechtfertigen. Nehmen wir Jesus doch beim Wort. *„Liebt eure Feinde, segnet, die euch fluchen, tut wohl denen, die euch hassen, und bittet für die, welche euch beleidigen und verfolgen. Denn wenn ihr die liebt, die euch lieben, was habt ihr für einen Lohn"*? Nein, was er in der Bergpredigt sagte, gilt nicht nur für die Zukunft seines Volkes, sondern auch hier und jetzt. Die Bergpredigt ist kein Programm für einen weltlichen Staat, obwohl es allen Bürgern bestens bekommen würde. Aber Jesus sagt auch, dass die Masse den breiten Weg geht, der ins Verderben führt. Wer aber den schmalen Weg der Nachfolge Jesus beschreitet, der darf schon jetzt nach dem Willen seines Herrn leben, der darf auch die Grundsätze der Bergpredigt zur ethischen Basis des christlichen Lebensalltags machen. Liebt eure Feinde, genau das hat Jesus getan, als er den schweren Weg ans Kreuz ging. Nur weil er seine Feinde liebte bis in den Tod, weiß ich mich gerettet, trotz meiner Sünde, für alle Ewigkeit. Darf ich jetzt das Gebot der Feindesliebe missachten? Muss ich nicht dem Beispiel meines Meisters folgen und sein Leben zu meinem Maßstab machen? Das geht keinesfalls, ausnahmslos niemals, mit der Beteiligung an kriegerischer Gewalt.

Mein Wunsch ist, dass wir Christen endlich verstehen, dass es keinen Grund und keine Entschuldigung für unsere Teilnahme an Kriegen gibt. Wir haben allen Grund „Nein" zu sagen, weil jede kriegerische Handlung in dieser Gnadenzeit dem Willen Gottes widerspricht und unser christliches Zeugnis in dieser Welt unglaubwürdig macht. Jesus will in seinen Nachfolgern sichtbar werden, das ist unmöglich, wenn wir unsere vermeintlichen Feinde mit der Waffe bedrohen. Waffen gehören unter genau festgelegten Einsatzbedingungen in die Hände der Polizei, darüber hinaus müssen Jäger und wenn es sein soll Sportler wie Biathleten für ihre festgelegten Zwecke Waffen benutzen. Aber das Töten von Menschen passt niemals zu unserem Glaubensbekenntnis. Christen sollten ein überaus kritisches Verhältnis zum Umgang mit tödlichen Waffen haben. Wer das sechste Gebot ernst nimmt, der wird niemals eine todbringende Waffe zum Einsatz gegen Menschen besitzen wollen.

Lasst es mich noch einmal betonen, nicht dem Einzelnen gilt Vorwurf oder Anklage, sondern den Kirchen und Gemeinden, den Verantwortlichen im Reiche Gottes, die nicht ernsthaft danach gesucht haben, die Bibel in dieser Frage zu verstehen und sowohl den geäußerten Willen als auch den vorgelebten Charakter unseres

Herrn Jesus Christus zur Grundlage der Lehre und des Handelns zu machen.

Es ist mein Wunsch für alle Christen, die nach dem Willen unseres Herrn und nach den Maßstäben des Wortes Gottes leben wollen, dass sie sich nie wieder zur Beteiligung am Kriegsdienst rufen lassen, denn Christus gebietet uns: Liebet eure Feinde! Es ist mein Wunsch, dass wir endlich begreifen, dass die Engel auch unser praktisches Leben im Reich Gottes meinten als sie jubelten: Friede auf Erden bei den Menschen seines Wohlgefallens. Friede auf Erden, heute, hier und jetzt.

„Wie wird Friede? Wer ruft zum Frieden, dass die Welt es hört, zu hören gezwungen ist? Dass alle Völker darüber froh werden müssen? ... Nur das Eine große ökumenische Konzil der Heiligen Kirche Christi aus aller Welt kann es so sagen, dass die Welt zähneknirschend das Wort vom Frieden vernehmen muss und dass die Völker froh werden, weil diese Kirche Christi ihren Söhnen im Namen Christi die Waffen aus der Hand nimmt und ihnen den Krieg verbietet und den Frieden Christi ausruft über die rasende Welt." (Dietrich Bonhoeffer, 1934, Ökumenische Jugendkonferenz, Fanö) (Anmerkung: Zu dieser Zeit gehörten nur protestantische Kirchen zur Ökumene)

„Wird man uns sagen, die antimilitaristische These bringe die Kirche an das Kreuz? Ohne Zweifel tut sie das! Aber das eben würde ja der Ruhm der Kirche sein! Heute aber ist sie mit ihrem verfälschten Evangelium des Kreuzes und des Ruhmes beraubt! ... Viele rüsten sich in dieser Zeit mit großem Ernst, das Christentum zu verteidigen. Wir glauben, es ist nötiger, es zu leben". (Jean Lasserre, Der Krieg und das Evangelium, München 1956, Seite 283)

In Anlehnung an das bekannte Gedicht Wolfgang Borcherts „Dann gibt es nur Eins" möchte ich anfügen:

Du. Nachfolger Jesu. Wenn sie dir morgen sagen, du musst der Obrigkeit untertan sein, du musst dein Vaterland und deinen christlichen Glauben mit der Waffe verteidigen, dann gibt es nur eins:

Sag NEIN!

Denn Christus, dein Herr ist der Friedefürst, der dich die Feindesliebe lehrt.

Nachwort

Gottes erwähltem Volk Israel gelten die irdischen Verheißungen und Prophetien des Alten und Neuen Testaments. Sie müssen noch durch notvolle Zeiten gehen, bis sie ihren Messias erkennen werden. So erleben sie auch heute immer wieder Feindschaft, Hass und kriegerische Angriffe, ganz so, wie es schon Mose im Namen Gottes angekündigt hatte, wenn sie den Geboten untreu würden. So, wie es auch im Neuen Testament bestätigt wird. Doch Gott sammelt sein Volk, bringt sie in ihr Land und wird sein Wort zur Aufrichtung des Friedensreiches erfüllen, trotz aller Feinde, die das Heilige Land umgeben und bedrohen.

Berücksichtigen wir die besondere Situation der irdischen Verheißungen Gottes für Israel wird deutlich, dass wir unsere christlichen Maßstäbe nicht einfach auf Israel übertragen können. Hier taucht dann die Frage nach der Beteiligung messianischer Juden an Militäreinsätzen auf.

Ich maße mir nicht an, eine Antwort zu geben. Ich denke, dass die messianischen Juden hier selbst eine Antwort finden müssen und können, wie sie sich in der sehr speziellen Situation im Sinne auch ihres Herrn Jesus Christus verhalten.

So steht dann am Ende vielleicht doch manchmal die Gewissensfrage wie bei Dietrich Bonhoeffer, der am versuchten Attentat gegen Hitler, also an tödlicher Gewalt mitgewirkt hat. Er hat es aber nie zu rechtfertigen versucht und nicht erklärt, dass Gewalt oder Beteiligung am Krieg unter bestimmten Bedingungen Recht sein könne. Er hat deutlich erklärt, dass er sich die Hände schmutzig machte, dass er schuldig wurde. Diese Entscheidung möchte ich mit Respekt stehen lassen, wir dürfen solche absoluten Ausnahmesituationen aber niemals zum Prinzip oder zur generellen Entschuldigung erheben.

Zeitfracht Medien GmbH
Ferdinand-Jühlke-Straße 7
99095 Erfurt, Deutschland
produktsicherheit@kolibri360.de